에코 요가

헨릭 스콜리모우스키 지음 구미라 옮김

에코 요가

조·화·로·운· 삶·을· 위·한· 명·상·과· 수·행·

ECO YOGA

달팽이

차 례

아름다움에 잠긴 산책은 쉽지만은 않은 일입니다.
매순간 무너지려는 다리를 수습하는 것과 같지요.
끊임없이 경계하고, 끊임없이 깨어 있어야 합니다.
평정이라는 다리가 항상 튼튼하게 버텨주지만은 않으니까요.
그것은 판자를 헐겁게 이은 가교(假橋)와 같아서
당신은 항상 판자들에게 제자리를 찾아주어야 합니다.
창조력을 부단히 요구하지요. 또한 절망감을 안겨다주기도 할 겁니다.
당신은 이 다리가 튼튼히 버텨주기를 바라겠지만, 실상은 그렇지 않습니다.
쉴새없이 움직여야 하고 조화를 이루어야 합니다.
즐거운 마음으로 조화로움에 참여하세요.
다리를 온전히 지탱하느라 애쓰다 보면 많은 즐거움이 따르니까요.
즐거움은 또한 그 결실을 맛보는 데도 깃들어 있는데,
고요, 평화, 환희가 그것이랍니다.

머리말

현대의 요가는 시대가 요구하는 특수성을 적절히 반영해야 한다. 전통 요가의 가르침은 지금보다 훨씬 더 단순하고 자연친화적인 세계에 맞게 고안되었다. 따라서 현대인의 몸과 마음을 건강하게 유지하기 위해서는 다른 형태의 요가가 보완되어야 한다. 세상이 발전하면서 내면의 안정을 지향하는 수행방법도 변화할 필요가 있다.

이 작은 책에서 나는 자아에게 말을 걸고 올바른 정신과 내면의 빛으로 인도할 수 있는 명상법과 기타 유용한 수행들을 제시하려고 한다. 이 수행을 따름으로써, 우리들 개개인은 존엄하고, 의미있고, 행복한 삶을 영위하는 방법을 배울 수 있다. 나는 이러한 명상법과 실천방법을 **에코요가EcoYoga**요가Yoga에 생태, 환경을 뜻하는 접두사 에코eco를 붙여서 저자가 만든 말이다. 라고 부른다. 그것은 아름다움에 잠긴 산책을 지향하는 여러 단계들로 이루어져 있다.

전통적인 인도 요가를 다룬 책과는 달리, 이 책에서는 어떤 특정한 자세나 신체 훈련을 지시하지 않는다. 그렇지만 이 책에서 제안한 것들이 요가일 수 있는 까닭은 오늘날 당신 자신과 세상이 화합할 수 있는 방법이 되기 때문이다. 에코요가, 즉 존재의 요가를 구성하는 개념들과 실천방법들은 수년 간에 걸쳐 인간 영혼의 본성에 대해 깊이 숙고하는 과정에서 서서히 발전해 온 것들이다.

요가에는 매우 오래되고 소중한 전통이 있다. 요가가 보여주는 광대한 체계는 위대한 인도 문명이 이룩한 놀라운 성과이다. 일찍부터 인도인들은 우주의 전일성(全一性)을 관조하는 법, 그리고 개인을 대우주의 총체적인 조화 속에 엮는 법을 알고 있었다. 서양 문화가 외부 세계를 다루는 기술을 발전시키는데 앞섰다고 한다면, 인도 문화는 영혼을 다루는 기술을 발전시키는데 앞섰다고 말할 수 있다. 가장 바람직한 상태일 때 요가는 육체와 영혼을 동시에 단련하는 수행 방법이 된다.

그러나 서양에서는 요가를 종종 육체 수련에 한정하는 것 같다. 이는 서양인들에게는 영혼보다 육체가 더 중요하게 비쳐지기 때문이다. 이런 요가는 우리 시대에 적합하지 않다. 우리는 개인의 육체와 영혼의 건강이 이 지구의 건강과 상호 연관된다는 사실을 깨달아야 한다.

에코요가에서 주로 강조하는 것은 은총, 건강, 희망이다. 우리의 삶이 신의 은총을 받고 있다는 사실을 상기할 때 삶의 의미는 더욱더 깊어질 수 있다. 우리에게는 우리 자신과 지구를 치유할 필요가 있다. 우리에게는 앞에서 이끌어 주고, 방향을 제시하며, 기운을 돋워 주는 등대와 같은 희망이 필요하다.

이 책은 단 시간에 읽는 책이 아니다. 이 책은 고요한 샘물과 같아서 가끔 경건한 마음으로 영혼의 성장, 명상, 성찰을 위해 몸을 담글 수 있는 곳이다.

이 책은 요가에 관한 책이다.
모든 요가의 요지는 그것을 논하거나
책으로 읽는 것이 아니라, 실천하는 데에 있다.
실천이 없다면 요가는 실제 효능의
희미한 그림자에 불과하다.
실천이 따를 때 훌륭한 요가는
당신 삶을 바꿀 수도 있다.

모든 삶이 요가다

모든 삶은 하나의
위대한 요가라네.
요가라는 것은
삶과 조화를 이루면서
호흡하는 것이라네.

에코요가의 탄생 ••• 독일 철학자 쇼펜하우어1788~1860는 일찍부터 인도 전통이 지닌 깊이와 섬세함을 인식했다.

"고대 리쉬스 rishis. 인도 고대의 현인들, 예언자들을 가리킨다.와 비교하면, 우리 서양 철학자들은 여전히 코흘리개 수준이다."

쇼펜하우어가 조금은 과장한 듯싶지만, 우리는 다음과 같은 종합적인 결론에 주의를 기울이지 않을 수 없다. 서양철학은 역사의 전개방향과 함께 점점 더 추상화되고 있다는 것이다. 또한 가슴과 영혼에 뿌리를 내리지 않고 추상적인 사고에 집중한다.

서양의 이상(理想)은 하나의 철학 체계로 자리잡았다. 만약 이 철학 체계가 독창적이고 일관성을 지닌다면 그 자체가 스스로 작동한다고 가정되었다. 거기에 내포된 바로 그 사상의 힘이 우리를 변화시킨다. 이렇게 서양 철학이 대단히 세련됨에도 불구하고, 서양 철학자들과 일반인들은 무슨 영문에서인지 다음과 같이 중요한 점을 간과하고 있다.

사상이 책으로 표현되었을 때(또는 마음속에서 추상적인 사고에 그쳤을 때) 그것은 단지 전체 이야기의 한 토막에 불과하다. 훌륭한 사상은 우리 피의 일부, 말하자면 우리 내면과 행동 하나하나에 살아 숨쉬는 것이 되어야 하는데 말이다.

이것을 내가 강렬하면서도 명확히 깨달을 수 있었던 것은 배우이면서 배우지망생을 지도하는 내 친구 덕분이었다. 나는 『생태철학: 삶의 새로운 전략을 꾀하며』라는 책을 출판하고 나서 이 친구와 긴 대화를 나누고 있었다. 내가 그 책의 주제를 설명하자, 그는 이따금 고개를 끄덕이며 들어주었다. 그는 다른 사람의 이야기를 들어주는 능력이 탁월했는데, 내 생각을 완전히 빨아들이고 있다는 것을 느낄 수 있었다. 그런 다음 그는 숨을 깊이 들이마시고 뜻밖의 질문을 던졌다.

"자네는 사람들에게 무슨 종류의 훈련을 제시할 계획인가?"

"훈련이라니? 나는 배우를 지도하는 게 아닐세. 철학자로서 새로운 체계를 마련하는 거라고." 그는 부드럽게 미소짓더니 애처롭다는 듯 입을 열었다. "이해하지 못하는군. 만약 자네가 사람들에게 관념만을 전달한다면, 사람들은 자신의 껍질 속에서 추상적인 영역에만 머물게 될 거야. 이런 관념은 사람들의 삶과 하나가 되지 못하네. 그들이 이런 관념에 대해 생각만으로 그치는 것이 아니라 그것들을 삶으로 끌어낼 수 있도록 자네는 관념을 살아 있는 경험으로, 사람들 존재를 구성하는 층으로 변환시킬 훈련을 생각해 내야 할 거야. 어떤 사상에 대해서 생각한다는 것과 그것을 삶 속에 대입한다는 것은 전혀 별개라네."

웬일인지 그의 충고가 주제넘다는 생각이 들었다. 그러나 마음 깊은 곳에서는 그가 한 말이 매우 타당하다고 느꼈다. 인도의 사고체계는 역사를 통해서 사상과 그것을 구현하는 훈련인 요가가 아름답게 짝을 이루어 왔다. 그러나 서양 철학에서는 요가와 같은 형태가 존재하지 않았다.

그 뒤 몇 달 동안 그 질문은 되풀이되어 내 마음속에 떠올랐다. '자네는 사람들에게 무슨 훈련을 제시할 계획인가?' 결국 나는 실천 방법을 궁리하기 시작했다. 그때 이미 나는 세계를 거대한 시계장치로 간주하는 것이 서구 문명의 크나큰 오류이자, 우리가 지닌 많은 문제점들의 근원이라는 점을 절실히 인식하고 있던 터였다. 생태철학을 통해 나는 세상을 완전히 다르게, 즉 하나의 성역으로 바라보아야 함을 깨달았다. 만약 이 세상이 성역이라면, 그렇다면 그런 세상에서 우리가 취할 수 있는 가장 적당한 행동 양식은 공경이 될 것이다. 따라서 세상에서 우리 존재의 올바른 양식으로서 공경을 실천해야 한다.

일년 사이에 제1의 원칙이(그리고 개별 실천방법이) 스스로 제 목소리를 냈다. 그리고 일년 남짓한 시간이 더 흐르자 다른 원칙도 제자리를 찾았다. 나는 이 원칙을 다른 사람들과 공유했고, 그들은 이 실천 방법과 훈련이 유용한 것임을 깨달았다.

에코요가의 특성 ••• 에코요가 수행이 특히 의미 있고 효과적이려면 자연에 둘러싸인 장소, 되도록 숲이 울창한 곳이나 산중에서 문명이 초래하는 긴장과 소음을 멀리해야 한다. 내가 가장 즐기는 장소로는 그리스 타쏘스 섬에 위치한 테올로고스 마을이 있는데, 그곳은 나에게 에코요가의 성역을 의미한다. 매년 여름이면 그곳에서 강좌가 열린다.

내가 훈련 방법을 나름대로 완성했을 때, 그것을 글이라는 형식으로 발표할 필요가 있다는 의견이 나왔다. 처음에는 그 의견에 반대했다. 요가의 목적은 실천이지, 말로 떠드는 것이 아니기 때문이다. 그렇지만 글이란 공유의 형식 중 하나이고, 또 요가를 다룬 훌륭하고도 귀중한 책들이 많이 쓰여져 온 것이 사실이다.

나는 다양한 훈련 방법들에 대한 설명을 담은 단순한 안내서를 생각했다. 그런데 글이 진척됨에 따라 책의 성격이 변하기 시작했다. 책은 더 진지하고 더 깊이 있기를 원했다. 당신의 존재가 빛을 발할 수 있도록 인생에서 신의 은총을 꽃피우는 방법, 우주의 위대한 힘에 주파수를 맞추는 방법을 안내하는 지침서가 되고 싶어했다. 책이 선택한 방향으로 나는 저항 없이 따랐다.

모든 삶이 요가다 ••• 비록 요가가 인도와 주로 연관된 것이지만, 다른 문화에서 볼 수 있는 많은 종교의식과 수행 방법도 한때는 개인과 신, 육체와 영혼, 앎과 존재를 이어주었다.

활기차고 살아 있는 종교라면 하나같이 체계를 이루고 있는 요가를 제공하게 마련이다. 그 다양한 종교에서 제시하는 의식(儀式)들은 인간을 신 가까이 데려갈 뿐만 아니라, 각 개인 안에 존재하는 최고의 잠재력을 실현하게끔 이끈다. 이는 모든 위대한 요가들이 지향하는 목표이기도 하다. 당신의 종교가 살아 있는 것이라면, 그것은 당신에게 참여할 것을, 날마다 신에게 닿을 것을 요청할 것이다. 종교가 쇠퇴할 때 그 의식들은 거의 공허한 형식으로 남는다. 만약 어떤 종교나 예배당이 허울뿐이게 되면, 그때 사람들은 예외 없이 다른 곳에서 영혼을 살리는 식량을 구한다.

황금기를 누렸던 고대 그리스인들은 그들만의 고유한 요가를 가꾸었지만 그것을 요가라고 부르지는 않았다. 그들은 육체를 내면의 신을 담는 용기로 여겼다. 그들이 육체를 단련하는 동안 정신은 시와 고귀한 이야기에 공명했고, 따라서 육체와 정신은 조화롭게 하나를 이루며 건강할 수 있었다.

우리는 건강하고 조화로운 육체를 위해서 요가를 수행하기도 하지만, 또한 내면의 평정을 위해서도 요가를 수행한다. 만약 요가 수행을 하는 과정에서 당신 내면이 평온하지 않다면, 그 요가는 마땅히 다 해야 하는 기능을 발휘하지 못하는 것이다.

　요즘 시대에 내면의 평화를 위해서는, 지구어머니와 조화로운 관계를 형성해야 한다. 지구를 치유해서 미래 세대가 삶을 누릴 기회를 갖게 하는 것은 당신 내면의 평화와 육체의 조화로움을 낳게 한다. 이것이 에코요가의 중요한 전언(傳言)이다.

　당신이 진정으로 내면의 평화와 육체의 조화를 바란다면, 지구를 치유하는데 책임을 피하지 말아야 한다. 지구 치유와 자아 치유는 같은 과정에 속하는 다른 측면일 뿐이다.

　최근 십 년 사이에 떠오른 강력한 상징은 대지의 여신으로, 고대 그리스에서는 가이아로 불리었다. 가이아가 지구어머니로서 그 총체적 존재 안에 살아 있으며, 생명의 근원이라고 사람들에게 인식되면서 모든 것이 가이아라는 새 집결지로 수렴되고, 우리 시대에 새로운 신화로 떠올랐다.

에코요가는 여행이다 ●●● 이 책에서 제안하는 것은 당신을 내면의 자아와 다시 이어주는 여행이다. 당신은 또한 흙, 바위, 물, 나무와 재결합하는 법을 배우게 되는데, 이것들은 모두 당신 안에 존재하며 그것에서 당신은 자라났다. 우리는 감정이입, 즉 일체감의 요가를 수행해서, 이들 네 가지 기본요소들과 하나가 됨으로써 우리 자신에게 가까이 다가선다. 이 감정이입이라는 여행은 세상을 다시 환희에 찬 곳으로 되돌리는 여행이기도 하다. 또한 흙, 바위, 물, 나무를 받아들이고 친근감을 느끼는 것 외에도, 우리는 창조의 기적에 대해 명상한다. 일체감의 요가는 나무 한 그루에서부터 주변에 있는 모든 형상을 대상으로 한다.

앞으로 나아갈수록 세상에 대한 경건함은 우리 자신에 대한 경건함으로 확장한다. 당신이 자신에 대한 경건함을 표현할 수 있는 방법은 스스로 우주 창조의 절묘한 작품이라는 사실을 인식하는 것이다! 그러면 당신은 자신의 생각을 주시할 수 있다. 당신 생각이 곧 당신 자신의 것이 되기 때문이다.

당신은 먹는 음식에도 주의를 기울여야 하는데 당신과 음식은 바로 일체가 되기 때문이다. 또한 시간을 소중히 생각해야 한다. 너무 많은 시간을 사소한 일들로 허비한다면, 정작 중요한 일은 소홀히 하게 된다.

이 책에서는 또한 다른 사람들, 특히 우리 주변 사람들을 경건하게 대하는 법을 배우게 된다. 다른 사람들을 경건하게 대하는 한 가지 방법은 그들의 말에 귀기울이는 것이다. 귀기울이는 기술은 섬세하고도 중요하다. 잘 들어주는 것은 사랑의 또 다른 형태이다.

또한 역량강화를 위한 특별한 전략으로서 여러 수행법들을 깊이 생각할 것이다. 우리는 고도로 전문화된 과학기술이 지배하는 세상에서는 무력하게 된다는 사실과, 이 세상은 개인을 무력화시키는 곳임을 깨달아야 한다. 모든 일에는 전문가가 있어, 정작 우리는 무력하고 쓸모없고 스스로의 주인이 될 수 없다. 이런 시대 흐름을 거슬러서 우리는 역량강화를 가능하게 하는 특별한 방법들을 개발할 수 있고, 그래서 덕 (德; arete) 덕이라는 개념은 시대, 장소에 따라 다양한 의미를 지니지만, 고대 그리스에서는 '개인의 능력, 숙련, 완전성'을 가리키는 'arete'가 강조되었다. (전체적인 뛰어남)을 높이 평가하던 저 위대한 시대들을 상기하게 된다.

우리는 지구가 지닌 의의, 아름다움, 경이로운 능력들, 그리고 다양한 요가에서, 특히 영혼의 역량강화에서 지구가 차지하는 위치를 숙고할 것이다.

우리는 또한 대우주 전체에서 우리가 차지하는 위치뿐만 아니라 우리 자신이 지구와 맺고 있는 관계에 대해서도 점점 더 인식을 높이게 된다.

발전을 향한 여행을 하면서 우리는 영성이라는 미묘한 영역으로 이동해서 신과 우리의 관계, 영성 추구에 얼마만큼 우리 자신이 책임을 지는가, 그리고 내면의 신에게 얼마나 많은 헌신을 맹세하는가 하는 물음을 제기한다.

에코요가를 수행하는 자에게 삶의 과정은 경탄할 만하고 경외심을 일으키며 신비로운 것이지, 단편적이거나 조각조각 나뉘어지거나 지루한 것이 아니다. 에코요가 수행자(Ecoyogi)가 삶을 경건하게 대한다는 의미는 인생에서 중요하지 않은 행동이란 없고, 그것들 모두가 삶을 보다 명확하게 표현하는 쪽으로 나아간다는 것이다.

에코요가 수행자의 기도(祈禱)는 생태와 환경에 관련한 우리의 모든 현실에 주의를 기울이는 기도이다. 그것은 바위, 땅, 나무, 바람, 물에 관심을 쏟는 것이고, 생

지상에는
천상의 존재가
넘치도다.
—로버트 브라우닝

명을 경건하게 대할 것을 요청하는 신의 목소리, 우리에게 이 목소리의 일부가 되라고 요청하는 그 소리를 들으려 함이다.

인생에서 중요하지 않은 행동이란 없다••• 대우주는 우리에게 많은 능력을 부여했는데, 슬프게도 우리는 그것을 너무나 빈번히 변변찮은 방식으로 혹은 전체적인 조망이 결핍된 상태에서 사용한다. 많은 이들이 그들의 능력이 크든 작든 제대로 인식하고 향유하는 능력을 이미 상실한 것 같다. 우리 모두는 많은 재능을 부여받았고, 다양한 소질과 능력을 갖추었다. 아무리 사소한 것이라도 인생에서 중요하지 않은 행동이란 없다는 사실을 인식해야 한다. 생각하고 행동하는 모든 면에서 우리는 이 점을 인정해야 한다. 우리가 일상으로 하는 행동들은 우리 자신의 미래와 우리 뒤를 잇는 인류의 미래를 결정짓는다.

당신은 자기 자신과 합일을 이루고 대우주와 합일을 이루게 됨을 기뻐하며 찬양할 수 있다. 당신은 기본요소(흙, 바위, 물, 나무)들과 교감할 수 있으며, 그것들에 의해 감화될 수 있다. 또한 그것들과 공감하는 법을 배울 수 있는데, 이는 존재하는 모든 것 안으로 조화롭게 엮임으로써 가능하다. 인생은 일종의 축제이므로, 건강한 몸과 내면의 평정을 찬양하는 법을 배우자. 다른 사람들을 치유하고 지구어머니를 치유하는 데에 기여하자. 당신은 가장 숭고한 빛과 일체감을 느낄 수 있고, 그것 자체가 될 수 있다.

아름다움에 잠긴 산책이 의미하는 바는
물위를 걷는 능력이 아닌,
두 발로 확고히
땅을 딛고 걸으며
두 눈은 별들에게서 떠나지 않고
가슴은 따뜻이
만물과 더불어 호흡하는 것이다.
'아름다움에 잠긴 산책'이란
현대식 표현이고, 동의어를 찾는다면
성경의 한 구절
'은총 안에 거하는 삶'이다.

명상에 관한 짧은 글 ••• 어떤 형태의 명상이든 그것은 정신 위생의 문제라고 간단히 말할 수 있다. 우리는 매일 몸을 돌보는 것에 익숙해서 양치질을 하고, 몸을 씻고, 머리를 감는다. 그러나 정신과 영혼을 건강하게 돌보는 데에는 미숙하다. 날마다 하는 명상은 그것이 어떤 종류의 것이건 당신에게는 주의를 기울일 필요가 있는 정신과 영혼이 있음을 상기시킨다.

소음이 가득하고 정신이 타락한 이 세상에서는 우리 마음이 어떤 상태이고 그것이 실제로 어떻게 기능하는지 깊이 생각할 필요가 있다. 당신은 자신의 마음에 자부심을 느끼는가? 그렇지 않으면 그 마음은 미친 듯이 사방으로 헤매고 다니면서도 좀체 그 까닭을 물으려 하지 않는가?

여유를 갖고 당신 내면을 돌보아라.

어떤 수련이든 시작하기 전에는, 편안히 앉아서, 두 눈을 감은 채,
일 분에서 이 분 정도 조용히 호흡하라.

호흡에 주목하면서, 당신이 정말로 서서히 이완되고 있음을 느껴라.

호흡하는 동안 어떤 긴장도 당신 안으로 들어오지 않게 하고,
호흡에 주목하라. 들이쉬고 내쉬고,
들이쉬고 내쉬고, 깊이 깊이.

조용히 눈을 감은 채, 말하라.
"시간은 내 친구이다. 내게는 필요한 만큼 시간이 충분하다.
시간은 내 친구이다."

이 책에서 소개하는 요가마다 그것을 하기에 앞서
위 명상법을 반복하라.

근원으로의 접근

바위, 흙, 나무, 바람, 물과
일체감을 느낀다는 의미를
깨달을 때,
생명에 담긴 신비가
풀리기 시작한다.

감정 이입••• 여행을 떠나자, 가능하면 숲 속이나 인적이 없는 곳으로. 마음을 자유롭게 풀어놓아라. 여행에 시간을 할애하자.

나무, 바위, 그리고 흐르는 물이 있는 풍경이면 좋겠다. 만약 숲으로 갈 수 없다면 큰 공원으로 가고, 그것도 안 된다면 단단한 돌 하나를 집으로 가져와도 좋다. 어떤 요가이든 중요한 것은 올바른 내면 상태를 유지하고 시간을 충분히 할애하는 것이다. 항상 기억하자, 시간은 당신의 친구임을.

세상을 다시 환희에 찬 곳으로 되돌리는 일은 생명의 근원적인 리듬과 역동적으로 일체감을 이루면서 비롯된다. 그 생명의 박동은 물론 당신 안에서도 발견할 수 있다. 다만 충분히 깊이 들여다본다면 말이다. 존재하는 모든 것은 한때 바위였다. 흙은 한때 바위였지만, 지금은 생명을 운반하고 양분이 되어 준다. 물이 없으면 생명은 존재할 수 없으며, 나무는 숭고하고 강인한 창조물이다. 당신은 이 모두와 일체감을 느끼도록 마음을 열 수 있다. 이 요소들과 공감할 때 어떤 느낌인지 이해한다면 당신은 자기 안에서 중요한 몇 가지 요소들을 재발견할 수 있다.

바위와 일체감 느끼기

바위를 쩌안아보자.

마음에서 우러나서 진실하게 힘껏 쩌안자.

거북해 한다거나 수줍어해서는 안 된다.

당신의 뼈는 바위의 일부로 만들어졌고,

존재하는 모든 것은 한때 바위였다.

그러니 바위를 끌어안을 때 당신은 자신을 끌어안는 셈이다.

바로 당신이란 존재의 처음 모습이다.

당신 자신의 일부로서 바위를 쩌안자. 당신이 바위이다.

바위의 단단한 성질, 울퉁불퉁한 모양, 표면의 질감을 느껴보자.

바위가 얼마나 오랜 세월을 버텨 왔고,

어떻게 금이 가서, 존재가 다른 형태로 변해갈 준비를 하는지 느껴보자.

또한 바위를 유심히 관찰하자.

새롭게, 마치 전에는 바위를 전혀 본 적이 없는

생소한 느낌으로 바라보자!

바위의 기원과 그것이 되고 싶어하는 바를 명상하자.

이 바위 안에서 당신 자신을 느껴보자.

바위란 틈립이 피어나는 얼어 붙은 불똥과도 같은 것.

숨을 깊이 들이마시고 조금만 더 경외감을 맛보자.

이제 바위와 공감한다는 의미를 당신은 이해할 것이다.

흙 속의 열기와 생명을 느껴보자

흙은 한때 바위였다. 당신은 흙의 실체를 경험할 수 있다.
앉을 만한 지면을 고르되, 흙 주변에 풀이 자라는 곳이 좋겠다.
흙 속에 손가락을 묻고 촉감을 느껴보자. 깊이 느껴보자.
이 흙 속에서 생명의 박동을 느껴보자.
흙은 바위가 붕해되어 또다른 생명으로 변형된 가루이다.
땅에 귀를 기울이고 울려 퍼지는 위대한 리듬을 느껴보자.
숨을 다시 깊이 들이마시고 일 분이나 이 분 정도 경외감을 맛보자.
서두르지 마라. 시간은 당신 친구이다.
이제 흙과 공감한다는 의미를 이해한다.
당신은 생명의 신비를 납득하기 시작한다.

물을 만져 보자

물이 지닌 단순함과 신비한 힘도 자세히 관찰하자.

그것이 얼마나 특별한가를. 물 없는 세상을 생각해 보라.

상상할 수 있겠는가? 이제 당신은 신비라는 것의 핵심에 손을 댄다.

즉, 물 전체가 하나의 방대한 교향곡에 짜여져서 단순함을 이루는 것 말이다.

흐르는 물이 있는 곳으로 다가가는데, 가장 적당한 곳은 개울이나 강이지만

수도꼭지에서 흐르는 물도 괜찮고, 샤워시설이 있는 곳도 충분하다.

자, 물을 만져 보자. 물이 얼마나 끊임없이 변하고 닿는 대상을

젖어들게 하는지 느껴보자. 그것이 바위와 어떻게 다른지 느껴보자.

바위는 매우 단단하고 근엄하고 장엄하다. 그러나 물은 항상 길을 낸다.

그것은 이곳저곳으로 흘러서 결국에는 바위를 깎는다.

여유를 가져야 한다. 서둘러서는 안 된다. 시간은 당신 친구이므로.

나무 껴안기

우선 커다란 나무를 찾아보자. 그것을 사랑스럽게 껴안아 보자.
당신 친구이다. 그것을 껴안고 함께 호흡하자. 에너지를 느껴보자.
나무껍질의 결이 얼마나 다양한 모양을 이루며,
그 색은 신비해서 말로 다 할 수 없음을 체험하자. 나무껍질 냄새를 맡아보자.
나뭇잎이 되어 바람이 부드럽게 어루만질 때
그 기쁨을 맛보자. 마치 당신이 나무 줄기인 것처럼 몸을 쫙 펴라.
나무의 유쾌한 에너지가 고동치는 것을 느껴보자.
이제 나무와 공감한다는 의미를 당신은 이해한다.
그래서 당신은 바위를 끌어안고 나무를 끌어안을 때
그 각각의 경험이 얼마나 독특한지 느낄 수 있다.

근원으로의 접근은 당신에게 힘이 되어 준다 ••• 당신은 자신이 자연
에서 거쳐온 여정 중의 일부를 상상으로 체험했다. 바위를 통해서 그리
고 흙을 통해서 당신의 최초 모습을 응시했다. 물이 지닌 단순함과 신
비한 힘, 그리고 나무가 지닌 능력을 경험하기도 했다. 당신이 껴안았
던 나무 아래에 조용히 앉아서, 네 가지 기본요소와 교감한 내용을 되
짚어 보자. 당신은 그 중에서 어떤 것과 가장 강하게 감정이입이 이루
어졌는지 모를 수도 있다. 그 까닭이 무엇인지 이해하려고 해보자. 어
떤 기본요소와는 강한 일체감을 느끼고 다른 것과는 일체감을 덜 느끼
게 되는 까닭을 짐작할 수 있는가? 당신은 기본요소 중에서 어느 것이
자신의 성격을 형성하는데 가장 크게 기여했는지 분간할 수도 있다. 이
런 모든 생각들에 대해서 기록하고, 그것을 며칠 동안 반복해서 읽어
라. 그러면 당신은 그 경험들을 다시 생각해 볼 수 있다. 이것이 일종의
힘이다. 근원으로의 접근은 당신에게 힘이 되어 준다! 네 가지 기본요
소 중에서 무엇이든 당신이 감정이입을 위한 여행을 떠날 때마다, 감정
이입의 깊이가 점점 더해지고 결국에는 그들 하나하나와 진정으로 일
체감을 느낄 수 있음을 깨달을 것이다. 여유를 갖고 이 단계에 이르기
를, 언제나 시간은 당신 친구이기 때문이다.

33

생명을 귀하게 여기자

경건하게 생각한다는 것은 무엇보다도
인간의 삶을 고유한 가치가 있는 것으로,
사랑을 인간 존재를 위한
본질적이고 불가결한 추진력으로,
창조적인 사고를
인간 천성의 타고난 부분으로,
기쁨을
일상을 구성하는 필수적인 일부로,
모든 존재들이 나누는 형제애를
대우주 전체를
당신이 새롭게 이해하기 위한
토대로서 인식하는 것이다.

공경의 요가 ••• 가능하면 모든 존재를 느끼고 공경하는 요가를 수행하는 것이 좋다. 잠깐 휴식을 갖고 같은 곳에서 당신의 체험을 더 깊은 단계로 내면화하도록 해보자. 당신은 바위, 흙, 물, 나무와 다시 하나가 되었다. 그것은 치유하고, 생명력을 유지시키고, 정화하는 체험이다. 당신은 바위, 흙, 물, 나무에게서 새로운 에너지를 받았다. 경건하게 세상을 바라볼 때, 당신의 지각력과 정신은 고양된다. 그것들은 새로운 공간에 놓인다. 당신은 경건하게 사물을 인지하게 된다. 내면은 경건하게 세상을 체험하고 어떤 미묘한 공간에 맞춰 조율한다. 공경이란 바로 그런 것이다. 즉, 세상을 경건하게 바라보기, 자기 자신을 경건하게 바라보기이다.

경 건 하 게   바 라 보 기

같은 나무를 다시 한번 바라보자.
그것은 경이로운 화학실험과도 같다!
어떻게 나무 한 그루가 그 모든 것을 그렇게 손쉽게 처리할 수 있을까?
그것은 기적이다! 정교한 창조물로서 나무를 바라보고 경탄하라.
여유를 갖고 기억하자, 시간은 당신 친구임을.

그리고 나서 자신을 다시 바라보자.
이제까지보다 훨씬 더 깊은 방식으로 스스로를 바라보자.
당신이 얼마나 완벽한 창조물인가! 나무는 보는 이를 압도한다.
그렇지만 당신은 창조물 중에서도 경이로움 그 자체이다.
모든 인간 존재가 그렇다. 공경의 고리 안에서 모든 이들을 끌어안자.
이것이 인간은 모두 한 가족이라는 의미이다.

경건하게 생각하기 ••• 나무를 경건하게 바라보고 자기 자신을 경건하게 바라볼 때, 당신은 공경의 의미를 삶으로 구현하는 것이다. 당신은 이 경험을 세상 전체로 확장할 필요가 있다. 우리가 끊임없이 경건한 마음가짐으로 세상을 지각하고 받아들일 때, 우리는 끊임없이 다시 환희에 찬 세상에 사는 것이다.

경건함이라는 상태는 미묘한 것이어서 도달하기가 어렵다. 따라서 당신은 부단히 노력해야 한다. 경건한 마음가짐에 이른다는 것이 어떤 느낌인지 명확히 알 필요가 있다. 경건함이란 모든 이가 도달할 수 있는 존재의 자연스러운 상태이다. 우리 는 살아가면서 경건함을 경험할 수 있다. 사랑은 경건한 마음 상태에서도 특히 아름답다. 어떤 문화에서는, 예를 들면 토착 아메리카 인디언의 경우 경건함은 언제나 존재의 자연스러운 상태로서 일상 현실에 나타났다. 그러나 인간에게 자연스럽다 해도 경건한 마음은 우리 스스로 자신의 내면을 조화롭게 다듬었을 때 찾아든다. 우리는 경건한 마음을 수행하기에 어려울 수도 있다. 그 까닭은 우리가 오랫동안 부적절한 요가에 종속되었기 때문이다. 나는 그것을 객관성의 요가라고 부른다.

객관적인 마음과 경건한 마음 ••• 사고(思考)의 형식은 다양하다. 객관적인 사고는 그 중 하나에 지나지 않는다. 인간은 객관적인 마음을 지니고 태어나지는 않는다. 객관적인 사고는 자연의 요청도, 신의 요청도 아니며 대우주의 요청도 아니다. 사실 객관적 사고는 객관성을 중시하는 과학이 필요로 한다. 그러므로 객관적인 사고는 과학을 그 주인으로 섬기는 몸종과 같다.

객관적인 태도나 과학적인 방법은 세상에 대한 인식을 존재를 가정한 대상으로 한정지으려 한다. 과학적인 전제로서 부정은 받아들이려 하지 않는다. 객관성은 분석을 위한 고립화이며 관찰에서 감정을 제거하는 형식, 다시 말해 우리가 조사한 현상들을 세분화하는 지각의 형식이다. 객관성이 가정하는 바는 사물이 고립된 채 존재한다는 것이고, 우리가 검토하는 모든 현상은 그 자체로서 우

마음 쓰기를
경건하게 하면 우리는
세상을 환희에 찬 곳으로
신성한 곳으로 되돌립니다.

우리는 원래의 자기로 회복됩니다.

우리는 운명을 개선합니다.

주이지 전체에 속한 일부가 아니라는 것이다.

객관성의 요가는 과학적인 마음에 특유한 일련의 훈련들로 이루어진다. 마음이 공정하고, 객관적이고, 분석적이고, '순결'해지려면 수년 동안 엄격한 훈련이 필요하다. 이런 마음 상태는 과학적인 사실과 현실 묘사를 다루는데 없어서는 안 되는 것으로 보인다. 현실을 묘사하는 과학적인 방법은 마음을 하인으로 만들어 버렸다. 객관성의 요가는 전두엽 절제술lobotomy1935년 포르투갈 출신 신경학자인 에드가스 모니츠가 고안한 정신질환 치료법. 사람의 두개골에 구멍을 뚫고 들어가서 대뇌의 전두엽 피질을 따로 분리해내는 이 시술이 대중화되자 모니츠는 노벨상을 받았다. 전두엽 절제술은 우주와 인간에 대한 기계주의적, 환원주의적 세계관을 드러낸다. 의 온건한 형태이다.

과학기술Technology현대산업사회를 대표하는 특징. 물질문명을 비판하는 사람들에게 이 단어는 중요한 의미를 갖는다. 대학교수이자 테러리스트인 유나바머Unabomber도 그중 한 사람이다.은 우리를 손쉽고 능률적으로 다루기 위해서 제품 속의 교체가능한 부품처럼 만들고 싶어한다. 기계가 지배하는 세상은 환희가 사라진 세상이다. 경건한 마음은 이러한 세상을 다시금 환희가 가득한 곳, 신성한 곳으로 되돌린다. 환희에 찬 세상으로 돌아가는 행위는 감상에 젖은 여행이 아니라,

우리 자신의 정체성과 운명을 회복하는 치열한 행위이다. 우리가 현재를 조건짓는 멍에를 벗어 던지고 위엄과 자주성을 회복할 때, 공경의 요가는 활력과 열정으로 가득하다.

당신이 사랑에 빠졌다고 생각하고,
걸어 들어간 공간을 상상하십시오.
그것은 꿈속 공간이 아닙니다.
그것은 경건함으로 가득한 공간,
경건한 마음을 통해서
당신이 창조한 현실입니다.
점점 더 많은 인생의 순간들을
경건한 공간에서 영위할 수 있게끔
당신은 이런 종류의 내면을
가꿀 필요가 있습니다.

공경요가의 수련 ••• 우리는 경건한 마음을 회복하고 그것을 유지하기 위해 사물에 대한 경건한 지각과 생각을 실천해야 한다. 경건한 사고는 정확히 다음과 같다. 경건함이 깃들여 있는 사고 그 밑에 깔린 전제는 생명에 대한 공경, 모든 살아 있는 존재들과 소우주에 대한 공경이다. 또한 올바른 생태학적 사고로 진정 생명을 확장하려는 시도에 대한 토대가 된다.

경건한 사고는 일련의 새로운 가치를 받아들임을 의미한다. 다른 문화, 예를 들면 북미 원주민이나 불교도 사이에서는 자연과 살아 있는 모든 생명체에 대한 공경의 표현은 언제나 가능했다.

경건하게 사고하기는 우리 존재의 가슴에서 우러나와야 한다. 우선 경건함에 대한 사고와 경건한 사고가 전혀 별개라는 사실을 인식하자. 경건한 사고는 그저 평범한 사고방식도 객관적인 사고방식도 아니고, 온정으로 상대방을 끌어안는, 마음에서부터 상대를 이해하려고 애쓰는 사고이다.

경건한 사고는 좋은 에너지의 장을 창조한다. 궁극적으로 그것은 정화하는 사

나무마다
뒤쪽에 영혼이
머문다.
─아메리카 원주민 속담

고이다. 사치스러운 것이 아니라, 우리 정신의 온전함과 은총을 나타내는 상태이다. 경건한 마음으로 사고할 수 없는 사람은 그들 자신의 존재를 빈곤하게 만든다. 어림하는 사고와 과학의 요구에 따른 객관적인 사고는 별개이다. 우리가 우주를 친근한 측면에서 바라보고, 그 안에 우리의 사랑을 불어넣어서 우주와 일체감을 느낄 때 경건한 사고는 전혀 새로운 것이다. 게다가 그 즐거움이란 얼마나 대단한지!

객관적인 사고와 경건한 사고는 정반대이다. 객관적인 사고는 은총이란 전혀 인식하지 못하고 어떤 경건함도 존중하지 않는다. 객관적인 사고는 냉담하게 관찰하는 자들, 즉 사회와 인간에 대한 관심이나 사랑 따위는 좀처럼 찾아볼 수 없는 사람들을 양산한다. 관심과 사랑이 객관성에 의해 배제되었기 때문이다. 그와 달리 경건한 사고는 은총과 사랑, 신비가 충만한 세상에 온정을 가지고 참여하는 사람들을 잉태한다.

풀잎마다
낱낱이
부처님이 계시다.
—불경의 한 구절

성스러운 문헌 ••• 공경의 요가를 익히는 방법은 많다. 그 중 성스러운 문헌들이 중요한 의미를 갖는다. 창조의 아름다움은 아름다움에 대한 찬가이기 때문이다. '신'에게 영감을 받았건 무아의 경지에서 우리 마음이 구술한 것이건, 이런 글들은 현실을 다시 환희에 찬 곳으로 되돌릴 수 있는 능력을 지닌 경건한 마음의 힘을 노래한다. 종교가 최상의 상태일 때 그것은 야만적인 세상에 주술을 거는 숭고한 행위이다. 위대한 시는 경건한 마음을 전달하는 수단이다. 그것은 우리를 고양시키고 확장시켜서, 경건한 공간으로 도약하게 하고, 우리 내부에 존재하는 위대함을 상기시킨다.

위대한 시 몇 편을 읽고, 성스러운 문학에 속하는 글들을 깊이 감상하라. 그러면 경건한 마음이 최고의 빛을 발하는 것이 느껴질 것이다.

세익스피어의 스물아홉 번째 소네트

운명의 신과 사람들의 눈 밖에 나고 나서,
버림받은 내 처지가 애달파 외로이 웁니다.
그리고 귀머거리 하늘을 향해 부질없는 통곡을 터뜨립니다.
그리고 자신을 돌아보고 운명을 저주합니다.
내 인생이 조금 더 희망찬 것이기를 바라고,
누구처럼 용모가 빼어나고, 친구들도 돈이 많았으면,
이 사람의 재주가 탐나고, 저 사람의 식견이 부럽고,
나에게 있는 장점은 전혀 만족하지 못하고,
이런 생각에 나 자신을 거의 경멸할 지경에 이르고,
그러나 다행히 그대를 생각하면, 그때 내 처지는
새벽에 음울한 대지로부터 날아오르는 종달새처럼,
천국의 문에서 찬송가를 재잘거리고,
그대의 달콤한 사랑을 떠올리는 순간 부자가 되어,
어느 왕하고도 바꾸고 싶지 않은 기분입니다.

『구약성서』 아가서 중에서

부디 포도주가 내 애인의 입으로 들어가
그 입술과 치아 주위에 부드럽게 흐르기를.
나는 내 애인의 것이고
그의 욕망은 나를 위한 것이거늘.
내 애인이여, 어서 함께 시골로 내려가서
촌락에서 밤을 보내요.
아침 일찍 포도밭으로 가서
포도에 싹이 텄는지,
꽃들은 피었는지
그리고 석류나무에 꽃은 맺혔는지 봅시다.
그곳에서 제 사랑을 당신께 바치오리다.
맨드레이크가 향기를 뿜어 대고,
우리집 문 앞에는 온갖 맛있는 실과가
새 것도 있고 묵은 것도 있고,
모두 당신을 위해 쌓아 둔 것이랍니다,
내 애인이여.

* 맨드레이크 mandrake 『성경』에는 '함환채(合歡菜)' 라고 되어 있다. 사랑의 열매로 간주되며,
정력, 최음제의 효력을 지닌 매우 희귀한 식물이다.

『우파니샤드』 중에서

인간은 신을 알 때 자유로워진다. 슬픔은 종말을 고하고, 태어나고 죽는 것은 더
이상 존재하지 않는다. 정신이 융화를 이루어 인간이 육체의 세계를 초월할 때,
세 번째 세계인 영혼의 세계가 드러나고, 그 속에서 대우주의 권능은
발현되고 인간은 모든 것의 곳집이 된다. 왜냐하면 인간은 소우주이므로.
그대 안에서 브라흐만이 영원함을 인식하면, 그것보다 더 숭고한 것으로
우리가 알아야 할 것은 존재하지 않는다는 사실이 명확해진다.
신과 세계와 영혼을 이해할 때 그 사람은 세 가지 요소를 이해하는 것이고,
곧 브라흐만을 이해하는 것이다.
신은 진리와 헌신의 마음으로 구할 때 영혼 안에서 찾을 수 있는데,
이는 마치 불이 장작에서, 물이 숨겨진 샘에서, 유지(乳脂)가 우유에서,
야자유가 야자수에서 발견되는 것과 같은 이치이다.
존재하는 모든 것 안에는 마치 유지가 우유 안에 감추어진 것처럼 숨겨진,
자각과 헌신의 근원이 되는 영혼이 존재한다.
이것이 브라흐만, 지고의 영혼이다.

＊ 브라흐만 Brahman 산스크리트로서 대아(大我), 범(梵)을 나타내는 힌두교 용어이다.
모든 존재가 이것에서 나와서 이것으로 돌아가는, 창조 이전의 유일하고도 완전한 존재이다.
힌두교에서는 브라흐만과 아트만(Atman)의 합일을 강조하는데,
아트만은 우주의 궁극 실재인 브라흐만이 각 개체 안에 도래한 개별 실재, 즉 소아(小我)를 가리킨다.

『불경』 중에서

진실만을 말하고, 노여움에 굴복하지 마라. 너에게 달라고 하면 주어라.
이 세 가지로써 너는 부처를 이룰 것이다.
현명한 이로 하여금 마치 대장장이가 은의 불순물을 제거하듯
그 자신의 불순물을 차례로, 조금씩,
그리고 서서히 제거하게 하라.
사람들을 이끌되 폭력으로써가 아닌, 정의와 평등으로써 하라.
미덕과 총명함을 겸비한 자, 정의로운 자는 진실만을 말하고,
자신의 본분만을 행하며, 세상은 바로 그런 그를 귀하게 여길 것이다.
벌이 꿀을 모으나 그 꽃이나 꽃의 색깔 또는 향기를 해치지 않는 것과 같이,
그렇게 현명한 이로 하여금 대중 가운데 머물게 하라.

『샨티베다』 중에서

육체를 부여받은 모든 창조물들이
새들과 나무들이 내는 법(法)의 소리,
빛줄기와 공간 그 자체까지도 내는 그 소리를 끊임없이 듣게 하소서.

사방 어디에나 정원이어서
그곳에 소망을 이뤄 주는 나무들이 있고 부처와 보살들이 증명한
법의 달콤한 소리가 가득 넘치게 하소서.

* 샨티베다 Shantiveda: 산티데바 Santideva 또는 적천(寂天)이라고도 한다. 8세기경 대승불교 승려.
  대표적인 저서로는 『보디차랴 아바타라』(『입보리행경入菩提行經』)가 있다.
  여기서는 저자의 이름과 문헌의 이름을 혼용한 것 같다.
** 법(法: Dharma)달마 혹은 다르마. 공(空), 무아(無我)를 내용 아닌 내용으로 하는 사물의 본성(本性)을
   가리킨다. 도(道), 브라흐만(梵), 하느님과 같은 의미로 이해하면 무리가 없을 것 같다.

『도덕경』 중에서

도(道)는 떠 있는 배와 같아서 모든 처소로, 좌우 양편으로 흐른다.

만물은 그것에 의지해 나지만, 도는 어떤 권리도 말하지 않는다.

그것은 만물의 생명을 위해 필요한 공로를 이루고도 이름을 구하지 않는다.

만물을 감싸서 기르지만 주인이 되지 아니한다.

항상 욕심이 없으므로 작다고 이름 붙일 수 있다.

만물이 그것에 귀속되지만 주인이 되지 않으니, 크다고 이름 붙일 수 있다.

스스로 크다고 내세우지 않으므로, 능히 큰 것이 될 수 있다.

* 도덕경 제 34장

大道氾兮, 其可左右. 萬物恃之而生而不辭.

功成不名有, 衣養萬物而不爲主. 常無欲, 可名於小.

萬物歸焉而不爲主, 可名爲大.

以其終不自爲大, 故能成其大.

『맹자』 중에서

우산(牛山)에는 한때 나무들이 아름다운 숲을 이루고 있었다. 그러나 큰 나라에 접해 있는 까닭에 나무들이 도끼로 베어졌으니, 어찌 아름다움을 간직할 수 있었겠는가? 그럼에도 불구하고 그 나무들은 계속해서 자라나고 비와 이슬의 윤택함을 받아 싹과 새 잎을 틔우는 일이 없지는 않았다. 그러나 이번에는 소와 양들이 와서 싹이 나오는 족족 뜯어먹었다. 이러한 까닭에 그 산이 지금과 같이 황폐하고 헐벗게 된 것이다. 사람들은 그 산을 바라보면서 이것이 원래 모습이라고 생각한다. 그러나 이것이 어찌 그 산의 진정한 모습이겠는가?

마찬가지로 인간도 그와 같다. 확실히 우리는 자비심(仁)과 정의(義)가 결여된 존재는 아니지 않았겠는가? 인간이 자신의 진정한 선을 잃게 되는 과정은 나무들이 도끼에 의해 파괴되는 것과 한치도 다를 바 없다. 날마다 베어지면 나무도 그렇거니와 하물며 마음이 그 아름다움을 유지하고 지탱할 수 있겠는가?

* 우산牛山 중국 산동성 임치현(臨淄縣) 남부에 위치한 산. 제(齊)나라의 수도 교외에 해당하는 곳이었다.

＊＊맹자(孟子)편 고자장구(告子章句) 우산지목장(牛山之木章)

孟子曰, 牛山之木嘗美矣. 以其郊於大國也, 斧斤伐之, 可以爲美乎? 是其日夜之所息, 雨露之所潤, 非無萌蘖
之生焉, 牛羊又從而牧之, 是以若彼濯濯也. 人見其濯濯也, 以爲未嘗有材焉, 此豈山之性也哉? 雖存乎人者,
豈無仁義之心哉? 其所以放其良心者, 亦猶斧斤之於木也, 旦旦而伐之, 可以爲美乎?

51

자연 속에서 산책하기 ••• 울퉁불퉁한 바위산이나 주위를 에워싸는 깊은 숲 속을 걸으면 우리 몸은 정화되고 활기를 띤다. 정화되고 생기에 넘치면 무슨 일이 일어나는가? 우리는 내적 자아와 재결합하게 되고, 다시 새로워지는 기분을 맛본다. 숲은 여전히 보는 이로 하여금 경외감과 신비감을 품게 한다. 숲은 진정으로 성스러운 곳이다. 그 속에서 우리는 이 세상이 성스러운 곳임을 깊게 이해할 수 있다.

숲은 독특한 생명체로서
무한한 호의와 자비를 지녀서
일절 요구하는 것도 없이
관대히 그 생명활동에서 생기는 결과물들을 전부 베푼다.
그것은 모든 존재들의 피신처가 되어 주고,
심지어 자신을 베려는 나무꾼에게조차 그늘을 제공하느니.
— 부처

은총으로 이르는 작은 발걸음 ••• 우리 모두에게는 영혼의 양식이 필요하다. 게다가 우리들 대부분은 그것이 냉철한 합리주의나 과학적인 지식을 통해서는 얻을 수 없음을 알고 있다. 자신의 영성을 무시한 채 인생을 사는 사람들은 스스로를 기만하고 빈곤하게 한다. 낭신이 외고집인데다 머리가 상당히 좋은 편이라면, 당신의 영성을 계속해서 부정하는 것도 가능한 일이다. 그렇지만 왜 그렇게 하려고 하는가? 결코 당신의 실제 가능성보다 못한 존재가 되지 마라.

진화가 선사한 것들 중에서 가장 귀중한 것이 정신이다. 우리는 정신이 타락하지 않도록 세심히 돌봐야 한다. 지구를 살리기 위해서 무슨 일을 하든지 간에, 우리가 아무리 엄격하게 에너지 낭비를 억제하고 모든 가능한 재활용 방법과 자연보존 조치를 어김없이 취한다고 해도, 내면이 황폐해지고 타락하는 것을 방치하는 한 그것들은 단지 미봉책에 불과할 뿐이다. 우리 미래를 위한 투쟁, 우리 각 개인의 운명을 위한 투쟁은 우리 내면의 순수함과 아름다움을 지키는 투쟁과 한가지이다.

공경의 요가는 어려운 실천 방법이다. 그러나 그 대가는 크다. 가능할 때마다 경건하게 지각하고 사고하는 순간들을 더 한층 확장하라. 당신의 삶이 은총이 넘치도록 아름다움을 느껴보자. 그러면 당신의 인생은 정점에 이를 것이며 다른 사람들에게 도움을 줄 수도 있다. 즉, 당신은 당신 자신의 중심에 와 있는 것이다. 비록 그것이 잠깐이라고 해도 꾸준한 수련과 훈련을 할 가치가 있다. 따라서 수행에 속한 행위들을 불필요한 고통이 아니라, 은총으로 이끄는 작은 발걸음이라고 생각하고 바라보아야 한다.

아름다운 생명

이따금 스스로에게 생명이란 얼마나 신비한지,
당신이 얼마나 뛰어난 작품인지 상기시켜 보자.
당신이 살고 있는 세상을 바라보고, 과감하게 자기 자신에게 외쳐 보자.

나는 얼마나 놀라운 세상에 살고 있는가!
얼마나 환상적인 장관을 목도하고 있는가!
믿어지지 않는 여행이로다!
제게 주신 생명에 감사하는 마음을 갖게 하소서.

아름다운 내면
모래 한 알에서
세상을 보고,
야생화 한 송이에서
하늘을 보네.
당신 손바닥에
무한을 움켜쥐고,
한 시간 속에서
영원을 구하라.
— 윌리엄 블레이크

당신의 아름다운 마음 ••• 현대는 말 그대로 새로운 정보로 늘 공중 폭격을 당하고 있다고 할 만하다. 그것은 우리가 원하건 원하지 않건, 정보가 중요하건 하찮건 상관없이 이루어진다. 불행히도 정보들은 하찮을 때가 더 많다. 지금까지 인류 역사상 사람들이 그런 공격에 놓인 적은 없었다. 우리는 점점 더 많은 정보를 받아들이고 있다. 그러나 인간의 모든 기관을 총동원해서 받아들인다 해도 저장 능력에는 한계가 있게 마련이다.

인간 뇌의 용량은 경이로울 정도이지만 한계는 있다. 이론상으로는 거대한 산처럼 축적된 지식의 도움을 받아야 마땅할지도 모른다. 그러나 실상은 그와 달라서 우리는 쉽게 혼란에 빠지고 방향감각을 잃고만다. 그 까닭은 수없이 하찮은 것들로 인해 우리 마음은 결국 쓰레기통으로 변하기 때문이다. 무심하게 마음속을 하찮은 것들로 채워 산만해지고 그래서 쓸모 없는 지식들로 질식할 지경에까지 왔다.

우리는 자신의 운명을 새기는 조각가이다. 각자가 내면을 다루는 방식을 풍요롭게 하느냐 아니면 그 반대로 하느냐에 따라 작품이 결정된다. 우리는 우리 자신의 사고를 통해 스스로를 조각한다. 또한 다른 사람들도 우리를 조각하는데, 그것은 그들이 우리 마음에 영향을 미치고 조종하는 방식을 통해서 가능하다.

우리는 스스로에게 몇 가지 중요한 질문을 던질 필요가 있다.

마음은 실로
속박의 근원이면서
또한 자유의 근원입니다.
속세의 일들에
얽매이는 것,
이것은 속박입니다.
그것들에 매이지 않는 것,
이것이 자유입니다.

"나는 다른 이들, 특히 대중매체에 의해서 얼마나 조종을 당하고 있는지 실감하고 있는가?"

우리들 대부분은 자신의 생각이 독자적이고 종속적이지 않다는 이유로 스스로를 대견스러워 한다. 그러나 우리들 대부분은 대중매체가 우리 마음에 심어 놓은 견해의 복제품과도 같다. 이는 깊이 생각하고 명상해야 할 문제이다.

현재 대중매체가 지닌 기만성은 그것이 당신에게 한순간이라도 생각할 틈을 주지 않고 항상 당신에게 영향력을 행사한다는 사실에서 기인한다. 이것은 진정한 자유가 아니다. 이것은 진정한 자립이 아니다. 진정한 존엄성이 아니다. 인간성을 온전히 구현하기 위해서 당신은 숙고할 시간이 필요하고, 평화로운 마음을 구해야 한다.

당신 주변 사람들의 생각을 살펴보라

당신 주변 사람들의 생각을 살펴보라.
텔레비전, 신문, 광고에 의해서 주입된 것들이 어떤 식으로
사람들의 마음을 움직이는지,
그렇다면 무슨 까닭으로 유독 당신만은 예외라고 생각하는지,
다시 한번 체계적으로 숙고해서,
그동안 당신이 '설복당해' 온, 좀더 무례한 표현을 쓰면 조종당해 온
그 다양한 방식들을 기록해보자.
이렇게 단순한 훈련만으로도 당신은 좀더 자유로워지기 시작한다.
왜냐하면 우리가 스스로 구속되어 있음을 인식하게 되는 순간이 바로
자유가 시작되는 때이기 때문이다.

카르마

우리의 생각과 사고방식에
책임이 있는 것은 우리 자신입니다.
무수한 형태로 행하는 우리 행동들에
책임이 있는 것도 우리 자신입니다.
그것들을 통해 우리는
개별 우주를 새기는 조각가가 되고,
그것들을 통해 우리는 말 그대로
운명을 개척하는 자가 됩니다.

운명을 개척하라 ••• 카르마는 산스크리트 용어로서 모든 행동에는 결과가 따른다는 사상을 담고 있다. 악한 행동이 악한 결과를 가져온다면, 선한 행동은 선한 결과를 불러온다. 기독교는 전통적으로 이 사상과 인식을 같이 하는데, 성경 구절 '뿌린 대로 거두리라' 가 그 좋은 예이다. 바로 이것이 카르마의 정확한 의미이다. 기독교에서뿐만 아니라 불교와 힌두교에서도 카르마는 무엇보다 우선해서 도덕적인 의미를 지닌다. 도덕적인 관점에서 악한 행동은 악한 결과의 원인이 된다.

그러나 카르마의 영역은 도덕으로 해석되는 우주를 훨씬 넘어선다. 우리가 생각하고 행동하는 모든 것이 우리 삶과 주변 세계에 어떤 식으로든 결과를 초래한다. 에코카르마 EcoKarma '업보' 를 뜻하는 Karma에 '생태', '환경' 을 뜻하는 접두사 eco-를 붙여서 저자가 새로 만든 말이다. 란 카르마를 확장한 개념으로서, 보통 우리가 생각하는 이상으로 우리는 스스로의 삶에 훨씬 더 큰 원인으로 작용한다는 신념에서 생겨났다. 즉 우리가 생각하고 마음이 작용하는 바에 따라 우리 삶이 결정된다. 당신의 생각이 당신을 결정한다.

영성 수행 ••• 수행은 영성 여행에서 한 부분을 차지한다. 영혼의 활동에는 언제나 수행이 요구된다. 우리는 신체 근육을 강화하듯이 이 수행을 확립할 필요가 있다. 쉬운 것에서 시작해서 수행은 점점 더 어려운 것으로 이행(移行)해 간다. 인내력, 활력, 의지력은 인생에서 일관성을 추구하는 사람에게는 불가결하다. 또한 바람직한 식생활이 영성과 전혀 관련 없다고 말할 사람이 있을지 모르나, 이는 대단히 피상적인 접근 방식이다. 바람직한 식생활은 영혼의 미묘한 작용의 결과일 때가 많다. 따라서 식품을 선택할 때도 미래의 바람직한 귀결을 생각해서 의식적으로 일정한 판단에 따른 구별을 하고 선택해야 한다. 이것이 영성 수행이다. 자신의 선택과 방침에 충실해야 한다. 너저분한 음식을 가린다거나 시시한 텔레비전 프로그램, 혹은 전혀 무의미한 잡담 등을 피하는 등 어느 것이나 상관없다.

식이요법으로 자신을 치유하라 ●●● 당신이 먹은 음식이 당신을 결정한다. 이 의견에 동의하는가? 동의한다면 우리가 먹을 음식을 선택하는데 좀더 신중해져야 한다. 다양한 유독물질이 어떻게 먹이사슬을 거쳐 우리 건강에 영향을 미치는지 우리의 인식은 상당히 높아졌다. 그런데도 많은 첨가물들이, 즉 유독물질이 우리가 먹는 다양한 음식에 함유되어 있다. 신중하게 음식의 성분표시를 읽고 건강에 유익한 것을 선별하려고 애써야 한다. 이것이 올바른 건강 요가이다. 건강식품 중에서도 최선의 것은 불필요한 화학물질을 삼가고, 제철에 재배되고, 살충제를 쓰지 않고 온전히 토양과 물의 기운으로 자라난 것을 말한다. 몸이란 신비한 유기체인 까닭에 우리는 여전히 몸에 대해 모르는 게 많다. 그렇지만 현재 알려진 지식만으로도 몸을 다룰 때 존중하고 숭배하는 마음을 갖기에 충분하다. 물론 이것이 의미하는 바는 인스턴트 음식과 그에 상당하는 음식을 일절 삼가는 것이다.

그대가 식이요법으로
환자를 낫게 할 수 없다면,
약상자 따위는
약제사의 손에나 넘겨 주게.
—히포크라테스

당 신 이 먹 는 음 식

당신이 먹는 음식, 그것을 먹는 이유에 주목하자.
현재나 과거에 당신에게 어떤 건강상의 문제는 없었는지 곰곰이 따져 보자.
당신이 먹는 음식이 거기에 무슨 역할을 했겠는지 신중히 검토하자.
대부분의 음식에는 의학에 관계되거나
치유력을 지닌 특성들이 함유되어 있음을 상기하자.
다양한 유형의 음식들에 함유된 제각기 다른 특성들에 대해
알아본다는 것은 가치 있는 일이지만,
만약 당신이 자기 자신과 자신의 몸에 대해 자각한다면
무슨 음식이 건강에 도움이 될 것 같은지
본능적으로 알게 마련이다.
무슨 음식을 먹으면 기분이 좋아지는지,
즉 당신이 어떤 음식을 좋아하는지 되짚어 보자.
자신의 건강을 위한 식단을 마련하자.

친구를 가려라 ••• 좋은 친구는 소중한 보물과 같다. 그럼에도 불구하고 우리는 그 친구들이 우리 삶에 도움을 주는 방식에 대해 인식하고 있을 필요가 있다. 대개 친구들이 우리 삶을 풍요롭게 하는 것은 사실이지만 항상 그런 것만은 아니다. 친구라는 이유 때문에 딩신은 그가 지닌 온갖 약점을 감내한다. 물론 마땅히 그래야 할 것이다. 그러나 때론 당신이 지나치게 인내해서, 친구들로 하여금 당신을 보잘것없고 시시한 상대로, 그래서 결국은 그들 자신까지도 그렇게 만드는 방식으로 대하도록 허용하는 경우가 있다. 진정한 자유와 책임이 의미하는 바에 따르면, 당신은 친구를 선택할 때 자신에게 보탬이 되고, 자신의 능력을 향상시키고, 삶을 좀더 의미있게 만들어 주는 사람을 염두에 두어야 한다. 물론 당신 역시 그들 삶에 보탬이 되어야 한다. 친구를 도와줄 때, 친구의 능력을 향상시킬 때, 당신은 선한 카르마를 쌓는 것이다. 타인을 돕는 것은 더할 나위 없이 좋은 일이고, 그로 인해 그들 삶의 의미뿐만 아니라 당신 삶의 의미까지도 풍요로워진다.

친구를 사귈 때는
신중하세요.
좋은 친구는
당신이 생각하는 것보다
당신 인생에서
중요합니다.

당신의 교우관계를 살펴보자

당신의 교우관계를 살펴보자.

당신의 삶에 보다 밝은 빛을 끌어들이는 과정에서

실제로 어떤 사람들이 도움을 주던가? 어떤 유형의 사람들과 함께 해야

할지 또는 해서는 안 될지 스스로에게 물어보자.

명단을 만드는데, 우선 친구들이 지닌 장점과

그들이 당신 삶에 보탬이 되는 방식들을 나열해보자.

그 다음 친구들의 단점과, 그들이 당신을 어떻게 시시한

존재로 느끼고 있는지 나열해보자. 이렇게 작성한 다음,

당신이 그들 삶에 보탬이 되는 방식, 또는 그 반대의 경우라면

그 부정적인 방식들을 기록해보자.

이 훈련은 매우 가혹해 보일지 모르나, 그 가치는 대단히 높다.

우리는 자신이 영향을 받는 방식,

그리고 타인에게 영향을 미치는 방식에 대해

항상 명확히 인식하고 있어야 한다.

진정한 신을 찾자 ••• 자유세계, 자유시장경제 안에서 당신이 필요로 하는 것은 거의 대부분 돈으로 살 수 있다. 그러나 진정으로 가치있는 것은 그럴 수 없다. 당신은 지혜를 살 수 없으며, 영성의 가치가 담긴 것을 살 수 없다.

당신은 교회에 가서 중요한 것을 구하려 할지 모르나, 오늘날 교회는 영혼에 관련한 책임을 방기하고 영성의 내용에서 점점 더 공허해지려는 경향을 보여주고 있다. 많은 사람들이 제도화된 종교에서 등을 돌렸다. 뿐만 아니라 다른 이유들까지 가세해 동양의 구루guru '존경할 만한' 을 뜻하는 산스크리트. 영적 혜안(慧眼)을 지닌 정신적 스승이나 지도자를 가리킨다. 들이 주목을 받고 있는데, 그들은 적어도 우리들을 근본적인 물음들로 되돌려 놓기 때문이다.

현대 사회에서 종종 경제와 과학기술만이 중요한 것처럼 비쳐진다. 어떤 의미에서 그것들은 우리의 신이 되어 버렸다. 현대의 두 신, 경제(Economos)와 과학기술(Technos) economy(경제)의 'econo' 와 technology(과학기술)의 'techno' 에 희랍어 -mos, -nos가 붙어 인격화된 신으로 표현되었다. 역시 저자가 만든 말이다.은 사람들을 강박관념에까지 내몰고, 그래서 다른 신들을 배제하기에 이르렀다. 우리의 예배의식은 당연히 경제와 과학기술의 성격을 띠게 되었다.

경제와 과학기술이라는 두 가지 신은 우리에게 몇 가지 편의를 제공했지만, 그 대가는 우리를 영적인 삶의 근원으로부터 떼어놓았다. 다른 선택을 할 때처럼 우리는 어떤 신을 숭배할 수 있는지, 그리고 어떤 신은 멀리해야 하는지 스스로에게 질문을 던져야 한다.

당신이 섬기는 신
그로 말미암아
당신 존재가 하찮아진다면,
이미 당신은 문제를 안고 있는 셈이다.

장엄한 생(生)

눈부신 장엄함
그 속에서 우리는
아름다움을 보네,
통찰력으로
인생은
완벽할 수 있다네.
—벤 존슨

우주 차원의 카르마 ••• 우주 차원의 카르마에 따르면, 우리는 단순히 우주 안에 사는 것이 아니라 우주 차원의 삶에 동참하고 있다. 그러나 그 동참은 하찮은 방식으로써가 아닌, 충분한 의미를 담은 것이라야 한다. 거대한 책임을 떠맡은 우리는 축복 받은 동시에 저주받은 존재이다. 그 책임은 우리가 행동하고, 생각하고, 먹고, 상상하는 모든 것에 걸쳐 있다. 일단 이 책임 의식을 느끼게 되면, 더이상 모르는 척 한다는 것은 불가능하다. 우리가 거대한 책임을 떠맡고 있다는 사실이 얼마나 아름다운 일인지 가슴 깊은 곳에서 경탄해야 한다.

우리에게는 자신이 거주하는 국가의 법령에 관련해서뿐만 아니라, 직업에 수반되는 의무에 관련해서도 책임이 따른다. 우리에게는 또한 훨씬 깊고 숭고한 의미에서 생각하고 행동하는 모든 것들에 대해 책임이 있다.

사색과 실천 ••• 모든 종류의 요가에는 사색과 그 나름의 실천이 요구된다. 궁극적으로, 우리가 실행하는 훈련은 영성 훈련이다. 그 목적은 우리에게 내면의 균형과 조화를 가져다 준다. 영성 훈련이 지닌 본질을 엄격한 의미에서 사색해 볼 때, 전통적인 종교 의식 내에서 거행되는 것과 마찬가지로, 그 목적이란 현재 우리 모두가 추구하는 바와 유사하게 외부적으로나 내부적으로 소란스럽고 시시한 번잡함을 피하는 것이다. 그렇지만 이런 훈련들에는 또한 적극적인 차원도 포함된다. 그것들의 도움으로 우리는 삶을 이해할 수 있고, 그것들의 도움으로 삶은 빛을 발할 수 있고, 그것들의 도움으로 우리는 보다 지고한 목적들에 닿을 수 있다. 그것들을 통해 우리는 고양된다.

에코요가가 제시하는 훈련은 우리 시대에 적합한 영성 훈련이다. 우리에게는 현재 이런 영성 훈련이 과거 어느 때 못지않게 절실히 필요하다. (그것을 요가라고 부르든, 또는 명상, 종교의식, 치료요법이라고 부르든 상관없다) 그만큼 우리 인생이 허우적대고, 갈기갈기 찢어지고, 소외되고, 종종 모순되기까지 하는 까닭이다.

기억하라. 시간은 당신 친구임을 ••• 그러니 가끔 그 친구에게 속도
를 늦추라고 요구하자. 그런 다음 몇 가지 사항을 유념해야 한다. 당신
이 무엇을 생각하고 무엇을 먹는지, 실질적으로 무슨 신을 섬기며 그
이유는 무엇인지, 또 누구와 함께 시간을 보내며 그 이유는 무엇인지.

요가는 부단히 당신 삶을 주시하는 것이며, 그 목적이란 물론 당신
삶을 풍요롭게 하는 데에 있다. 당신이 더 고양된 삶을 열망한다고 해
서 수줍어할 필요는 없다. 그것은 인생이 우리에게 내리는 소명이다.
자신의 운명을 스스로 만들어 나가는 사람이 되자! 바로 당신이기 때
문이다. 모든 것들이 그것을 가능하게 하는 수단이 된다.

우주 차원의 카르마에는
당신 존재의 모든 측면들이 포함된다,
먹는 음식에서 마음 속 신(神)의 모습까지,
올바른 사고에서 올바른 교제까지,
모두 카르마라는 거대한 바퀴 속에 통합되고
그 안에서 당신은 구르고 또 구르고 또 굴러간다.

침묵을 즐기자

내가 택한 침묵이여,

노래를 불러다오

그리고 내 귓바퀴의 소용돌이

그 속으로 울려 퍼져라,

호각을 불어 풀밭으로 나를 이끌고

영원히 존재하라,

내 기꺼이 듣고 싶어하는

음악으로.

──제랄드 맨리 홉킨스

침묵에 귀기울이기 ••• 고독이라는 깊은 우물을 들여다보면, 우리는 내면의 평화, 영감, 그리고 창조력의 무수한 근원지를 발견하게 된다. 예수가 인간 도덕성을 다시금 세우기 위해 모색할 때 도움이 되었던 곳은 정적뿐인 사막이었다. 부처가 깨달음이라는 빛을 향해 더듬거리며 길을 찾을 때 그를 밤낮으로 에워싼 것은 정적뿐인 보리수나무였다. 위대한 예술작품은 침묵 속에서 영감을 얻어 대리석이나 캔버스 또는 시행(詩行)으로 표현되었다. 위대한 사상 역시 대개 고독 속에서 사유 과정을 거치는데, 때론 그 기간이 상당히 길 경우도 있다. 그런 다음에야 명료한 언어로 세상의 빛을 보게 된다.

비참함, 정신적인 고통, 그리고 세상으로부터 버림받은 것처럼 느껴지는 외로움과는 달리, 고독은 의미심장한 침묵으로서 우리가 추구하는 것은 그 자체의 덕이다.

고요한 장소들이 이 지구상에 존재한다. 예를 들면 안데스산맥의 마을들, 히말라야산맥의 촌락들, 그리스에 있는 몇몇 외진 산악지대들은 정적이 메아리치는 곳이고, 당신이 은하수를 관찰할 때면 별들의 노래

고독이란
완전한 능력의
모래이다.
— 고대 그리스 속담

소리가 들리는 곳이다. 당신이 이 침묵에 몸을 담그는 순간, 고대 그리스인들이 그렇게 뛰어난 업적을 이룰 수 있었던 조건들 중의 하나를 이해할 수 있을 것이다.

19세기까지, 어쩌면 20세기 초까지만 해도 대부분의 사람들이 보편적으로 조용한 주거 환경에서 살았다는 사실을 우리로서는 상상하기 어렵다. 침묵을 일반적인 동반자처럼 함께한다는 것은 우리 자신을 둘러싸고 있는 더 넓은 공간에 대한 인식을 의미한다. 만약 당신이 침묵에 익숙해진다면, 주변으로 더 넓은 공간을 신중하게 창조해 낼 수 있다. 우리가 명상을 중요하게 여기는 것도 이 때문이다. 명상은 고요한 공간을 창조하며 그 침묵은 건강한 정신이 깃든 생활과 창조력이 활성화되는 상태를 창조한다.

태국의 한 불교 승려가(그는 미국 병사이던 시절, 지옥 같던 베트남 전쟁보다 더 끔찍한 것으로 태국 불교 사원의 정적을 손꼽던 사람이다) 영국에 정착하고 나서 그곳 학생들과 겪은 경험담을 내게 들려주었다. 그의 말에 따르면, 영국의 많은 학생들이 대학

시간은
당신 친구입니다.
명상을 통해
당신 자신과
친구가 되세요.

에서 배우는 지식이 얼마나 얄팍하고 피상적인가를 인식하고 있다는 것이다. 그들은 무의식적으로, 때로는 신중하게 정신의 자양분이 될 만한 근원지들을 다른 곳에서 찾는다고 한다. 그런 까닭에 자주 그를 초빙해서 강의와 명상 지도를 부탁했는데, 학생들 중에는 단 한번의 명상만으로 열반의 경지에 이를 수 있기를 고대하는 성급한 친구도 적지 않다고 했다. 그때마다 승려는 학생들에게 시작 단계에 불과한 훈련으로, 말을 하지 않고 가만히 30분간 앉아 있게 했다. 학생들은 지도자나 조언자의 도움 없이 30분간 침묵하고 있는 것이 얼마나 어려운 일인가를 깨달았을 것이다. 이 이야기는 학생들의 경우에만 해당하는 것이 아니다. 우리 모두 불안정한 문명에 살고 있는 불안정한 아이들과 같다.

적극적인 침묵 ••• 우리 삶이 근원에서 멀어지고, 조용한 주변환경이 점점 사라지는 현실과 사색할 공간이 부족한 상황은 서로 긴밀히 연관된다. 쉴새없이 우왕좌왕하는 와중에 침묵과 인생의 의미를 우리는 상실하고 있다.

침묵이 적극적으로 선택할 수 있는 것임을 재인식함으로써 당신은 침묵의 요가를 수행할 수 있다. 이는 매우 간단한 방법이지만, 쉽지만은 않다. 우리는 계속되는 소음이 일상에 속하는 것인 양 스스로를 기만해 왔다. 또, 정신이 분산되는 경향을 불가피한 일로 여기도록 자신을 속여 왔다. 우리는 더이상 과거처럼 침묵을 즐기지 않는다. 이는 반성해 볼 필요가 있다. 정결한 장소에서 불필요한 모든 소음과 혼잡한 것들에서 잠시 떨어져보자.

침묵은 인간의 의미를 회복하기 위한 필수 조건이다. 침묵 요가를 수행함으로써 당신은 내면의 샘에 접근할 수 있다. 그 샘에는 평화로움, 창조력, 그리고 존재의 가치가 깃들어 있다.

고독 안에 머무세요.
그러면 마음이 필연적으로
평안해집니다.
침묵이 가져오는 것은
창조의 가능성과
정신이 건강한 생활입니다.

침묵을 즐기자

분주한 한낮의 소란스러움이 가고 밤이 찾아오면,
편안한 마음으로 고요한 소리에 가만히 귀기울여 보자. 그것을 음미하자.
침묵의 한가운데서 당신 내면의 느낌이 얼마나 더 좋아지는지
절실히 느껴 보자. 그리고 침묵을 들이마시자.
일상 생활에서 틈틈이 당신이 조용한 장소에 있을 때면,
비록 짧은 시간일지라도 자신을 침묵에 전적으로 내맡겨 보자.
손놓고 앉아 있다고 해서 그것이 게으르고 나태한 것이 아니다.
침묵이 정신집중을 낳고 그것이 결국 시간을 '창조' 하기 때문이다.
침묵으로, 우리는 많은 시간이 허비되고
무자비할 정도로 내몰리는 일상으로부터 벗어나게 된다.
항상 기억하자, 시간은 당신 친구임을.

귀 기 울 이 기

우주의 노랫소리를
이해할 때 그때 가서야
경청은 완벽한 것이 되지.
인간이 저마다 하는 말은
웅장한 우주 교향곡
그것을 구성하는 가락들
그것들의 단편이라네.

귀기울이기 ••• 우리가 여행을 시작한 지 얼마 되지 않아서 살펴본 것이 자연에 대해, 그리고 자기 자신에 대해 경건한 마음을 지니는 것이 중요하다는 사실이었다. 이제 우리는 공경의 원리를 모든 이들에게 적용하고, 스스로에게 타인을 경건하게 대하는 것이 무엇을 의미하는지 의문을 제기할 차례가 되었다. 대부분 우리가 다른 사람들과 의사소통을 할 때 사용하는 수단은 언어이다. 언어는 가식적이거나 공허해질 수 있지만, 여전히 인간을 묶는 도구로서 가장 강력하다. 제대로 듣는다는 것은 미묘하고도 중요한 기술에 해당한다.

훌륭한 경청이란
결국은
사랑입니다.
제대로 귀기울여 들어 줄 때
우리가 축복하는 대상은
상대편만이 아닌
우리 자신이기도 합니다.

상대방의 말에 귀를 기울이는 것은 곧 그 사람을 인정한다는 뜻이다. 경청은 상대방을 공감의 장(場)에서 끌어안는 것이며, 나 외에 다른 사람에 대해 진심으로 경건한 마음을 지니고 있음을 표현하는 행동이다. 그런데 우리가 귀기울여 들어야 하는 것으로 입으로 하는 말 외에도 입으로 말하지 않는 침묵의 소리가 있다. 사랑하는 두 사람이 함께 있을

때 그들에게는 놀라운 능력이 생겨서 서로가 나누는 말뿐만 아니라 두
사람을 에워싼 침묵의 소리까지 들을 수 있게 된다. 그렇듯 완벽한 경
청은 노력하면 누구나 이룰 수 있는 기회가 있다.

제대로 듣는다는 것 ••• 예수는 제대로 들을 줄 알았다. 최후의 만찬이 있기 며칠 전부터 제자들 사이에는 다가올 불행을 예감하는 긴장감이 감돌고 있었다. 예수의 몸에 부어드릴 향유와 향수를 사 가지고 먼 곳에서 여인들이 찾아왔다. 제자 가운데 몇몇이 화를 내며 그 여인들에게 경박하게 쓸데없는 물건을 사는데 귀한 돈을 썼다고 꾸짖었다. 그렇지만 예수는 더 많은 것을 이해하고 있었다. 예수는 제자들에게 잠시 나가 있으라고 했다. 여인들이 찾아온 것은 여인들 자신에게는 매우 중요한 의미가 있는 일을 하기 위해서임을 예수는 알고 있었던 것이다.

반면에 리어왕은 제대로 들을 줄 아는 능력이 없었다. 셰익스피어의 희곡 『리어왕』의 앞부분이다. 리어왕은 세 딸에게 나라를 분할해 주기로 마음 먹고, 딸들이 아버지를 얼마나 사랑하는지 말을 들어본 뒤 각자의 몫을 정리했다.

그는 첫째 딸 고너릴과 둘째 딸 리건의 뻔뻔스런 아첨에 쉽게 속아 넘어갔다. 막내딸 코딜리어는 비록 가슴은 아버지에 대한 사랑으로 넘쳤지만 굳게 입을 다물었다. 리어왕이 물었다. "너는 무엇을 약속하겠느냐?" 코딜리어가 대답했다. "약속할 것이 아무것도 없습니다." 제대로 들을 줄 모르는 어리석은 왕이었기에 리어왕은 화가 나서 외쳤다. "무(無)에서 생기는 거라고는 무(無)일 뿐이지." 그래서 그는 막내딸을 버린 자식 취급하고, 추방명령을 내렸다. 어리석은 리어왕은 가련하게도 나중에 비참한 죽음을 맞았다.

경청요가는 당신의 자아가 듣고 싶은 소리만 듣는 편협함을 제어하는 것이다. 경청요가는 당신의 자아를 억누르는 것이 아니라, 더 큰 내면의 존재를 확장하는 행위이다. 귀기울이는 능력은 인간이 지닌 고유한 특성이다. 그것의 아름다움은 우리가 자기 자신 외에 다른 사람의 음악에 완벽하게 주파수를 맞출 수 있다는 데에 있다.

두 사람이 결합해서 마음을 교류하며 서로 이야기하고 들어주는 일은 굉장한 즐거움이 따른다. 서로 잘 들어줄 때 평범하지 않은 어떤 신비로운 일이 일어난다. 당신은 다른 사람에게 자유라는 여지를 제공하는 동안 이 위대한 신비에 동참하는 것이다.

잘 듣기 위해서 맨 먼저 해야 할 일은 잘 듣겠다는 마음가짐이고, 그런 다음에는 잘 들어주는 것이다. 그 자리에 함께하라. 연민의 마음을 지니자. 상대방과 당신 자신을 위해 넉넉함을 마련하자.

귀기울이는 법을 배우자 ••• 훌륭한 경청이라는 행위 속에는 그 내용에 대한 지식 이상의 훨씬 더 많은 것이 포함되어 있다. 귀기울여 듣는 것은 나 외에 다른 사람을 신성한 존재로 여긴다는 행위이다. 물론, 지식은 중요하다. 그러나 지식 저편에 판단력과 지혜가 존재한다. 판단력은 사실상 지혜의 결과이다. 현명해질수록 더 잘 들을 수 있게 된다. 잘 듣기 위해 지혜와 정신의 깊이를 더해야 한다.

주의 깊게 귀기울인다 함은 상대방의 말뿐만이 아니라 그 말 속에 담겨 있는 의미망에도 귀기울임을 뜻한다. 듣는 이가 이 의미망을 마음속에서 재현하기는 쉽지 않다. 때때로 상대방이 전달하는 것보다 더 많이 알고 더 깊이 들여다보아야 하기 때문이다. 이런 점에서 보면 듣는다는 것은 상대방의 도움을 받아 조형물을 세우는 과정과 같다. 상대가 다양한 단편들을 제공하고 듣는 이는 그것들을 한데 모은다. 이 점은 우리가 어린아이의 말에 귀기울일 때 특히 분명해진다. 언어 저편에 우리가 아이보다 더 잘 인식하는 전체 의미망이 존재한다. 이런 이유로 해서 우리는 아이가 전달하는 말과 애매한 단서들을 아이보다 더 잘 이해할 수 있다.

아이들의 말에 귀를 기울이는 데에는 인내하고, 곁에 있어 주고,

공감하고, 아이보다 전체 의미망을 더 잘 이해하고, 아이의 이익을 위해서 들어주는 자세가 필요하다. 아마도 아이들 말에 귀기울임을 훌륭한 경청의 모범으로 생각해도 좋을 것이다. 사람을 대할 때 가식적인 공손함보다는 우리가 진정으로 원하는 것은 어른이나 아이들에 대한 경건한 마음을 서로의 말에 귀기울임으로써 표현하는 것이다.

당신이 다른 사람의 이야기가 함축하는 의미를 마음속에서 재현할 때, 당신은 그 사람의 '근본'을 인정하는 것이다. 개인의 역사는 실타래처럼 엮이어서 그 사람이 하는 말 속에 나타난다. 그것은 그 사람이 속한 문화의 역사, 나아가 세계의 역사까지도 마찬가지일 것이다. 왜냐하면 모든 것은 단일한 대우주의 거미줄 속에서 연결되어 있기 때문이다.

어쩌면 이러한 경청은 신(神)만이 가능할지도 모른다. 그러나 경청의 본질을 깊이 생각하고 그 특성을 잘 안다면 우리는 무슨 형태의 경청을 지향해야 하는지 인식하게 된다. 즉 그것은 신에게 근접하는 이해의 형태이다.

세심한 주의를 기울여야 한다

당신이 다른 사람들에게 귀기울일 때 그 방법에
세심한 주의를 기울여야 한다. 상대방과 함께 있으면서 당신 자신의 생각이나
근심, 걱정 따위에는 신경쓰지 않는게 좋다.
왜냐하면 그것은 바로 상대방에게 전달되기 때문이다.
상대방에게 충분한 시간을 할애하자.
시계를 들여다보며 분초를 따지면 당신을 초조하게 만들고 정신은 흐려지기
마련이다. 게다가 그것은 다시 상대방에게 전달된다.
상대방을 위해서 공명하는 에너지장을 창조해 보자.
상대방이 기꺼이 들어올 수 있는 공간을 창조하여 상대방이 안심하고
편안한 기분이 될 수 있게 하자.
말에만 귀기울이지 말고 그 사람의 전 존재에 귀기울이자.
당신이 귀기울일 때 그 사람의 입장이 돼라. 이것이 공감의 요가이다.
이번에는 바위와의 일체가 아니고 상대편 사람의 우주와 일체가 되는 것이다.
당신이 듣고 싶은 소리가 아니라, 상대편이 하고 있거나 하려고 애쓰는 말에
귀기울이자. 경청은 언제나 선택이 따르는 과정이다.
엄청나게 많은 단서 중에 우리는 일부를 골라 그것들을 해독하지만,
아주 빈번하게 그 해독 과정은 자신이 듣고 싶어하는 내용만을 좇아
그것에 일치하도록 이루어진다.

당신이 알고 있다고 속단하지 마라

상대방이 하고 싶어하는 말이 무엇인지 말하기도 전에
당신이 알고 있다고 속단하지 마라.
상대방이 이야기할 때 언어의 흐름을 의식하자.
말이 중간에서 자꾸 끊기거나 사용하는 언어가 고르지 않다면,
그 사람은 실제로 이야기하는 것과는 다른 말을
하고 싶어한다는 뜻일 수도 있다.
이야기를 듣는 동안에 상대방의 눈을 들여다볼 수도 있지만
계속 그래서는 안 된다,
많은 사람들이 그로 인해 불편해 하거나 당황하기 때문이다.
대개는 말하는 사람의 입술에 시선을 두는데,
말이 그곳에서 나오기 때문이다. 입술을 바라봄으로써
당신은 그 사람의 가슴으로부터 직접 그 말들을 받아들이고 있는 것이다.
그래도 상대방의 눈을 들여다볼 필요는 있다.
당신의 경험을 통해 교훈을 얻을 수도 있다.
당신이 가장 열심히 귀기울여 들었던 경우를 곰곰이 생각해 보자.
그때 당신이 그렇게 할 수 있었던 마음가짐을 떠올려 보자.
언제나 그 마음가짐으로 되돌아가 경청할 수 있도록 하자.

조화로운 인생

지식을 구하느라
우리가 잃어버린 지혜는
어디로 사라졌는가?
정보를 구하느라
우리가 잃어버린 지식은
어디로 사라졌는가?
— T. S. 엘리엇

에너지 중독증 ••• 우리는 매우 강력한 문명권에 살고 있다. 그런데도 개인으로서는 나약하고 무력화된 존재들이다. 우리 문명이 지닌 군사력은 상상력을 뒤흔들 정도이다. 우리 가정에서 쓰이는 기계도구들도 그 위력이 만만치 않기는 마찬가지이다. 바깥세상에서 벌어지는 눈앞을 아찔하게 하는 무참한 광경과, 과학기술이라는 밀림에 갇혀 길을 잃고 무력화된 인간들이 이루는 서글픈 풍경이 지금 우리 눈앞에서 벌어지고 있는 장면들이다. 왜, 이런 강대한 문명 한복판에서 우리는 개인으로서 그다지도 무력한 느낌을 받는 것일까? 우리 문명의 본질을 더 깊이 이해하기 위해 이 문제를 짚고 넘어갈 필요가 있다. 거기에는 또한 실용적인 이유가 포함되는데, 우리는 존엄한 삶을 살고자 원하고, 따라서 스스로 무력해지거나 정신이 마비되는 상황을 허용해서는 안 된다는 것이다. 역량강화를 위한 요가는 우리 앞길을 가로막는 걸림돌이나 그밖의 장애물들을 제거해주는 전술 역할을 해서, 우리가 지장 없이 다른 요가로 전진할 수 있게끔 해준다. 우리 삶을 계속 이어지는 장애물 경기장으로 만들려고 노리는, 그 많고도 방심할 수 없는 방해물들을 물리칠 만한 전략이 우리에게는 필요하다. 이러한 전략과 기법이 대략 역량강화를 위한 요가를 이루는 내용이다.

역량강화에 관해 ••• 우리가 역량강화에 관해 이야기할 때 염두에
두는 것은 다른 사람들에게 행사하는 힘으로서가 아닌, 우리 자신이 고
귀한 삶을 누릴 수 있게끔 스스로에게 부여하는 능력이다. 역량강화
(力量强化)라는 문맥에서 '힘'(力)이 지닌 개념은 타인을 야비하게 지
배하는 것과는 무관하다. 우리는 물리적 힘이라는 환영(幻影)에 사로
잡힌 모리배 집단과 한통속이 되기를 원하는 것이 아닌데, 역설적이게
도 우리들 자신은 진정한 의미에서 자주 빈번히 무력함을 드러낸다.
'힘'이 현대에 와서 지니게 된 이 개념, 즉 억압하는 힘, 자기 뜻대로
조정하기 위해 사물들과 사람들에게 행사하는 힘이라는 이 개념은 실
로 의미의 타락이자 변이(變異)이다.

이반 일리치Ivan Illich 1926년 비엔나 출생. 현재 독일에서 활동 중. 『에너지와 형평의 원리』는 우리말
로 번역되어 있다. (『행복은 자전거를 타고 온다』 박흥규 역, 형성사, 1990) 는 우리 문명에 은폐되
어 있는 함정을 가장 탁월한 지각력으로 비판한 사람들 중 한 사람으로
서 『에너지와 형평의 원리』(1974)라는 책에서 개인의 지나친 에너지
소비는 위험하다는 점을 밝혔다. 어느 단계까지 에너지의 소비증가는
우리들 개인의 복지와 사회적 결집 내지 정의(正義)에 기여한다. 그러
나 이 단계를 넘어서면 이야기는 달라져서 우리는 에너지 대식가, 에너

지 중독자가 되어 버린다. 에너지에 의존하는 정도가 너무 심해진 나머지 서서히 자립성을 잃는다.

스스럼없는 자기 신뢰 ••• 에너지를 사용하는 양이 증가할수록, 우리는 더 많은 기계도구들을 사용하게 된다. 더 많은 기계도구들을 사용하게 되면, 그만큼 자신을 신뢰하지 않게 된다. 기계도구들이 어느 순간 우리의 목발이 되는 것이다. 과학기술 문명에서 극단적인 전문화는 예정된 수순이다. 우리가 수행하고자 하는 단순한 기능마다 그것을 대신하는 기계도구들이 존재하고, 다양한 기계도구들에는 각기 전문가가 따른다. 제한된 전문 분야 이외에 우리가 해낼 수 있는 것은 아무것도 없다고 생각하게끔 이 문명은 우리의 사고를 유도해왔다. 따라서 과도하게 전문화로 치닫는 추세에서 기계도구에 대한 지나친 의존은 삶으로부터 우리를 떼어놓는 결과를 초래한다. 서서히 그리고 조직적으로 철저하게 우리를 무력화시킬 것이다.

당신이 무엇을 하더라도
그것을 완수하는 데 필요한 것들이
삶 그 자체에는 충분하다네.

역량강화를 향해 내딛는 첫걸음

자주성과 자기 신뢰를 되찾기 위해 노력하자.
자신이 무능하다는 생각과, 모든 일은 자기를 대신해서
전문가들이 해야 한다는 생각에 스스로 설득 당하는 일이
없도록 해야 한다.
기계도구도 간단한 것만 쓰려고 노력하자.
나아가 꼭 사용해야만 하는 경우 어쩔 수 없지만
가능하면 아예 사용하지 않게끔 노력하자.
역시 꼭 필요한 경우가 아니면 자동차 사용을 자제하자.
두 발로 걷는 것은, 당신의 건강에 아주 유익하고,
또한 길가에서 우연히 아름다운 꽃 한 송이를 보거나
누군가의 아름다운 두 눈과 마주치게 될 때
명상할지도 모를 순간을 위해 아주 유익하다.

당신이 통제할 수 있는 단순한 물건들을 사용하는 것이
당신의 역량을 강화하는 길이다.
수많은 기계장치들은 실제로는 당신 삶을 어지럽히기만 하기 때문에,
그것들을 사용하지 않는 것이 역량강화의 길이다.
될 수 있으면 두 발로 걷고 자전거를 이용하는 등
당신 삶을 자꾸만 단순화시키는 일이 역량강화의 길이다.

세간(世間)의 우상 ••• 17세기에 이미 프란시스 베이컨Francis Bacon1561~
1626 영국의 정치가, 법률가, 철학자. 근대 정신의 선구자. 그가 주장한 네 가지 우상으로는 종족의 우상, 동굴의
우상, 시장의 우상, 극장의 우상이 있다. 은 사람들이 그 시대 통념과 사조에 의해 크게
조정당한다는 사실을 깨달았다. 그는 세간을 지배하는 우상을 크게 네
가지로 분류했는데, 그것들은 지성이 제 기능을 발휘하지 못하도록 재
갈을 물려서 생각의 자유를 종속시키려고 획책하는 영향력으로서의
압력이다. 그러한 네 가지 우상은 권위의 압력, 편견의 압력, 현상유지
의 압력, 지배욕을 지닌 자들의 압력을 말한다. 오늘날 세간의 우상들
이 지닌 지배력은 감소하기는커녕 무한히 확대되어, 과거 어느 때보다
도 사람들을 조정하는 힘으로서 더 큰 맹위를 떨치고 그 방식은 더욱
교활해졌다.

현대의 우상 중 하나는 특히 서구 세계에서 두드러지는 것으로 텔
레비전, 포괄해서 말하면 대중매체이다. 텔레비전의 영향력은 막강한
데도, 우리는 그것에 대해 어떻게 손써 볼 수도 없을 만큼 무력해 보인
다. 오늘날 많은 사람들이 자신의 자유, 시간, 인생을 텔레비전이 그냥
집어삼키도록 내버려두고 있다. 대중매체는 조절하려는 힘을 만들 뿐
이며 절대 조절당하지 않는다. 그것은 우리 모두에게 부단히 작용한

다. 대중매체의 눈에 비친 우리는 하나같이 전도유망한 소비자이거나
또는 마음먹은 대로 조정해 주기만을 기다리는 하찮은 존재들에 불과
하다.

생각과 행동이 일반 사람들과 다른 점,
이것이 훌륭한 인물들에게서 찾아볼 수 있는
표적과 같은 것이다.
— 티벳 불교에서 전하는 말

유해한 주변요소들 ••• 우리는 자신이 자립하는 존재, 고유한 사고 방식과 행동 양식을 갖춘 독자적인 개인이라고 생각하는 경향이 있지만, 사실상 많은 이들이 대중매체로부터 지대한 영향을 받는다. 우리가 사회를 형성하며 사는 이상 무엇으로부터 영향을 받는 것은 거의 피할 수 없는 일이다. 문제는 누구로부터의 영향력에 스스로를 여는가이다. 우리는 마하트마 간디로부터 영향을 받는가, 그렇지 않으면 전동 칫솔이나 건강에 해로운 푸딩, 또는 반짝이는 새 차를 팔려고 달려드는 약삭빠른 외판원들에게 영향을 받는가? 우리가 무엇으로부터 영향을 받는 방식, 그리고 그 영향을 주는 사람이 누구여야 하는지에 대한 자각에 따른 선택이 이루어져야 한다. 텔레비전이 양산하는 모호성과 진실임직한 것들의 홍수에 떠밀려 혼란을 겪어서는 안 된다.

다시 찾은 삶의 의미 ••• 요가의 목적은 인생에 의미와 존엄성을 불어넣는 것, 즉 지금 이 세기를 의미 있게 사는 것이다. 우리시대의 역량강화라 함은 일종의 책임감을 뜻하는 것으로 지구의 생명과 우리 개인의 삶에 대해 책임을 져야 한다는 생각이 담겨 있다.

역량강화의 방향을 모색할 때 우리가 분명하게 자각해야 할 것은 선악의 본질에 대한 것이다. 삶의 의미와 존엄성을 회복하기 원하는 우리로서는 만사를 안이하게 보아 넘길 수 없다. 무엇이든지 허용된다는 식의 논리에 동의할 수 없다. 생명은 숭고하고, 그러므로 하나같이 공경의 대상이 되어야 한다. 도덕에 있어서 우리의 기본 전제는 그 결과가 생명현상을 확대하는 것이라면 선하다. 그러나 생명의 근본 뿌리를 해친다면 그것은 악하다. 우리 모두에게는 옳고 그름을 분별할 수 있는 직관력이 있으며 우리의 내적 조명이 비춰주기만을 기다리고 있다. 물론 이 문제들에 대해 결정하고 판단을 내리기란 쉽지 않을 테지만, 분명히 우리에게는 생명 전체에 있어 최종적으로 유익한 것이 무엇인지 명확히 조망할 수 있는 시각이 존재한다. 우리는 직관력과 통찰력을 믿고 따라야 한다. 우리의 마땅한 의무인 에코요가를 실천하는 방법은 생명의 아름다움이라는 가치에 헌신해서 충실하는 것이다.

인생은 곧 조화

필요에 따라 적절히
신성이 깃든 사물 안에서
조화를 일구는 사람
우리는 그를
능숙하고 현명하다고 여긴다.
— 에우리피데스

조화의 원리 ••• 고대 그리스인들은 탁월한 민족이었다. 그들은 세상에 민주주의와 철학, 영원히 기억될 만한 비극작품들과 비할 데 없이 아름다운 예술작품들을 전했다. 그들은 또한 인생의 예술가이기도 해서 인생을 사는 법, 그러니까 즐겁고 동시에 심오하게 사는 법을 터득했다. 그들은 우주의 신성한 힘들을 인식했고, 또한 우리 모두의 내면에 잠재해 있는 신성을 인식했다. 그들은 요가라는 용어를 사용하지는 않았지만, 그 말에 딱 어울릴 법한 독특한 삶의 해법을 발전시켜 나갔다. 우주에 질서를 부여하는 원리들로 중요시되던 독특한 기법들과 개념들이 그들에 의해 개발되었다. 그 중 가장 중요한 원리가 바로 조화였다.

이 원리는 전 우주, 전 예술, 그밖에 인간이 시도한 모든 영역의 바탕에 깔린 기본이라고 그들은 생각했다. 어딘가에 통달하고 현명하다는 것은 이러한 전체적인 조화를 이해해서 직접 그 조화라는 옷감이 형성하는 문양의 일부가 되는 것이었다. 그것은 인생과 사고(思考)를 조화로운 방식으로 운영하여, 그 결과 삶과 일이 진실하고, 선하고, 가치 있게 됨을 뜻했다. 이 원리가 강력한 지침으로 작용하여 그리스인들은 삶이 우주의 전체적인 조화와 관련돼 있음을 알 수 있었다.

건강과 조화 ••• 고대 그리스인들은 건강 또한 신체가 내적으로 조화를 이루고, 동시에 우주의 모든 에너지와도 조화를 이루는 문제라고 여겼다. 이런 시각에서 건강을 이해한 그들에게는 모든 것을 아우르는 마음이 당연한 것이었다. 마음이 바라보는 시각이 중요한 까닭은 그로 인해 지침으로 작용하는 원리들이 생겨나고 사물들은 일관성, 명료성, 조화를 부여받기 때문이다.

고대 그리스인들에게 우주에 질서를 부여하는 두 번째 원리로 간주되던 것이 덕(德), 즉 완전함, 훌륭함을 얻기 위해 인간 능력의 극한에 도달하려는 노력이었다. 그리스인들은 영원히 지속되는 조화를 표현하기 위해 완전한 경지, 즉 덕을 이루려고 애썼다. 덕은 인간의 능력이 완전을 향해 이를 수 있는 한계가 어디인지 그 경지에 도달하려는 노력으로 이해할 수 있다. 그것은 아름다움, 선함, 성실, 고결함의 표현이었고, 그리스인들은 덕이라는 개념을 대단히 진지하고 열정적으로 받아들였다. 그리스인들의 삶의 방식은 덕의 요가

건강이란
신체 기관들이 서로 사랑하여
정사를 나누는,
절정 그것이다.
— 플라톤

를 실천하는 것이었다. 이것이 그리스 문화의 위대함을 이룬 밑바탕이
된다.

당신의 손,
당신의 몸으로 일하는 것은
단지 생물학적인 필요에 따르는
것만이 아니다.
그것은 또한 당신의 역량을 강화시키는
한가지 방법이기도 하다.

창조를 향한 노력 ••• 오늘날처럼 이렇게 막강한 문명권에 살면서도 많은 사람들이 무력해지는 까닭은 무엇일까? 이 문제에 대해 우리는 좀더 깊이 생각해 볼 필요가 있다. 지금의 경제체제, 소위 말하는 '자유 시장'은 '성공'을 바탕으로 자라나고, 그로 인해 모든 사람들의 머릿속에는 실패라는 강박관념이 떠나질 않는다. 세계가 이 체제로 통합되면서 우리는 경쟁적으로 반복해서 일을 처리하는 자동인형에 불과한 존재로 전락했고, 기계의 노예로써 우리는 그것이 비록 정교한 컴퓨터일 경우라도 자신의 처지를 위로 받을 수 없다. 그것은 우리에게 아름다움, 성실, 고결함을 추구하도록 격려하는 것과는 거리가 멀다.

장인들, 예술가들, 손으로 직접 물건을 만드는 사람들, 이들에게는 다행스럽게도 자신의 의지와 상상력을 발휘해 물건을 만드는 역량강화의 기회가 주어진다. 우리가 창조력을 발휘해 무언가를 만들고, 거기에 우리 영혼의 한 귀퉁이를 떼어주고, 그것을 통해 우리의 에너지, 꿈, 이상을 표현할 수 있는 기회를 가질 때, 우리의 생명력은 되살아난다.

덕 의 실 천

덕의 요가를 실천함으로써 역량강화의 요가를 실천할 수 있다.

당신에게 소질이 있는 몇 가지 활동들을 대략 추리고,

덕의 정신에 기초하여 그것들을 실천하자. 일상사의 작은 것이어도 좋다.

어쩌면 당신이 제일 좋아하는 요리를 솜씨 있게 장만한다거나,

애정을 기울여 방을 청소하는 것을 택할 수도 있다.

어떤 일을 제대로, 훌륭하게 해내는 것은 그 일이 무엇이건

역량강화의 길이 된다.

시간이 당신 친구임을 절대로 잊지 말자.

당신에게는 일상의 업무를 세심히 돌보고 애정과 경건함으로

행동할 여유가 있다. 매일 명상할 시간을 마련할 것,

이것이 역량강화의 길이다.

일을 능숙하게 처리하는 사람들은 지속적으로 역량강화의 기회를 갖는다.

우리가 비록 사소하지만 제대로 해낼 수 있다면 중요한 의미를 띤다.

모방 ••• 모방은 다른 사람들이 완성한 것을 재현하는 능력, 인류의 기술에 해당하는 것을 바로 당신의 몫으로 전환하는 능력이다. 그것은 아무 생각 없이 시늉만 내지 않고 생명에 의해 진화해 온 기술을 건져 올려서 당당히 당신만의 것이 되게 한다.

모방은 역량강화의 방법들 중에서 역사가 가장 오래된 것이라 할 수 있다. 그것은 자연에 본래부터 존재하는 방식이다. 어린 새가 날기 시작할 무렵이면 어미 새를 흉내낸다. 새끼 사자가 사냥할 무렵이 되면 무리의 연장자를 흉내낸다. 마찬가지로 어린 아이들이 말하는 것을 배울 때 감격스럽게도 처음 듣는 단어를 자꾸자꾸 되뇌는 경향을 보이는데, 그때 아이들의 모습은 이루 말할 수 없는 기쁨에 젖어 있다. 아이들은 이 방법을 통해서 나중에 자유자재로 언어를 구사할 수 있는 능력을 스스로 습득한다. 모방은 우리 모두에게 잠재하는 기초적인 기술을 유발하는 역할을 수행한다.

우리는 모방하면서 배운다. 우리의 인생은 초보적인 것부터 시작해서 고도의 정밀한 것에 이르기까

모방은
뛰어난 사람들과
같은 반열에 서 보려는
용기 있고 긍지에 찬 행동이다.

지 기술을 익히는 과정이라 할 수 있다. 우리는 뛰어난 스승들을 모방한다. 르네상스 시대의 어느 화가의 작업실을 상상해 보자. 다양한 젊은이들이 작업하고 있을 것이다. 물감을 섞는 사람, 액자에 니스를 칠하는 사람, 또 어떤 이는 대작을 완성하는 스승을 곁에서 거든다.

이때 제자들이 배우는 것에는 단지 화포에 물감을 칠하는 기법만이 아니라, 사람의 눈빛이 담고 있는 다양한 깊이를 표현하는 스승만의 고유한 양식도 포함된다. 그곳에 있음으로 해서, 그곳에서 진행되는 모든 것의 일부가 됨으로 해서 그 모든 것을 배운다.

이와 같은 일은 훌륭한 음악가에게 사사받는 제자에게도 일어난다. 어느 정도는 책이나 명곡 감상이 도움이 될 수 있다. 그러나 가장 좋은 방법은 훌륭한 스승 곁에서 스승이 어떻게 하는지 본 대로 따라 하고, 지도를 받고, 독특한 음색을 체득하고, 주제를 표현하는 방법과 전곡(全曲)의 구성을 전개하는 방식을 익히는 것이다. 정교한 기술 중에는 훌륭한 스승의 가르침이 있어야 습득 가능한 것들이 많다.

역량강화의 일환으로서 모방의 방법 중 또 하나 중요한 것은 이미 역량강화를 완성한 이들에게서 실마리를 찾는 일이다.

모방을 통해서 역량강화를 이룬다는 것은 또한 당신의 능력을 최대한 확장함을 의미한다. 오랫동안 사람들은 알프스산맥의 아이거 북면 the North Wall of Eiger 스위스에 위치. 해발 3970m, 수직에 가까운 1800m의 악명 높은 곳. 을 정복할 수 없다고 생각했다. 매번 가장 노련한 산악인들로 구성되어 이 벽을 오르려고 시도했지만, 그때마다 번번이 실패로 끝났다. 그 벽에 접근한 사람들은 대부분 살아서 돌아오지 못했다. 그 뒤 1934년 두 명의 산악인이 그곳에 도전했고, 그들은 등정에 성공했다. 이때부터 아이거를 정복할 수 없다는 신화는 사라졌고, 그 뒤부터는 대부분 성공했으며, 이는 두말할 것도 없이 최초의 성공에 힘입은 바였다.

어떤 것이 성공할 가능성이 엿보이고, 이미 성공한 전례가 있음을 아는 것은 동기를 유발하는 굉장한 자극제가 된다. 이런 심리적인 요인은 상당히 중요하다. 불가능하다고 생각되었고, 그래서 시도한다는 그 생각만으로도 사람을 무력화시켰지만 한편으론 위험을 무릅쓰도록 유혹한다.

그러므로 모방을 통한 역량강화의 의미는 당신의 한계를 극복하고 당신이 할 수 있는 한 가장 가치 있는 일들을 성취하기 위한 시도와 매진, 두 날개를 활짝 펴 평범하고 단조롭게 생각했던 것에서 비상하는 것이다.

영혼의 모방 ••• 모방은 또한 영적인 삶에서도 중요한 위치를 차지한다. 위대한 사례가 보여주는 영혼의 감화력은 위대한 영감이 될 수 있다. 『그리스도를 본받아』라는 토마스 아 켐피스Thomas a Kempis 15세기 독일 카톨릭 성직자. '공동생활형제단' 소속. 『그리스도를 본받아』는 우리말로 여러 권 번역되어 있나.가 쓴 책 제목이 이 책의 요지를 압축해서 대변해 준다. 종교인뿐만 아니라 일반 신도들도 그들의 영적 에너지와 생명력을 얻는 원천으로 종종 그리스도나, 부처, 짜라투스트라 같은 성인의 모범을 따르는 길을 택한다.

위대한 인물을 본받는 일은 역량강화의 일환으로, 영혼의 발전을 어떤 식으로든 모색하는 것이 가능함을 우리에게 강력히 시사한다. 성인들과 위대한 인물들을 모방함으로써 우리는 자신의 영적인 잠재력을 인식하는 능력이 생긴다. 일단 이 잠재력을 인식하게 되면, 우리의 모방은 맹목적이지 않게 된다. 자기만의 독특한 진로를 열어가야 하기 때문이다.

마음을 열고
어느 시대에나 존재했던
위대한 현인들이 전하는
가르침을
따르라.

—티벳 불교에서 전하는 말

심상(心象)의 창조 ●●● 심상 창조, 마음속 떠올리기는 곧 마음이 작용하여 그 힘을 발휘함을 말한다. 그것은 비유하자면 눈뜨고 꿈을 꾸는 것과 같아서, 마음과 현실 사이에 일어나는 기묘한 연금술과 같은 상상을 현실로 둔갑시킨다. 어떻게 이런 일이 일어나는지 그 경위는 다소 신비에 가까우나, 비밀의 열쇠를 간직하고 있는 많은 것들이 우리 손길이 미치지 못하는 곳에 머물러 있다. 신비를 두려워할 것이 아니라, 소중히 여기고 찬미하여야 마땅하다.

우리가 경험할 수 있는 것 중에
가장 아름다운 것이 신비한 느낌이다.
모든 진정한 예술과 과학의 근원인 이것,
이 감정이 낯설게 느껴지는 자,
놀라움에 멈춰 서서 경외감에 휩싸이는 일이
더이상 없는 자, 그는 죽은 거나 진배없다.
그는 눈뜬 장님이다.
— 알버트 아인슈타인

역량강화를 위한 심상창조 ••• 임상의(臨床醫)들이 발견하고 확인한 바에 따르면, 심상창조가 몇 가지 질병을 물리치는 데 매우 비중 있는 요인이 될 수 있다고 한다. 예를 들면, 그들은 암환자에게 자신의 혈구가 암세포를 잡아먹고 있다고 상상하라고, 말 그대로 실제 보는 것처럼 눈앞에 그리라고 지시하는 경우가 있다고 한다.

마음속에 어떠한 모습을 떠오르게 할 때는 강도 높게 집중해서 해야 한다. 말하자면 환자는 마음속으로 실제처럼 암세포를 잡아먹어야 한다. 많은 사례에서 환자들이 마음을 단단히 먹고 온통 전념해서 이 과정을 수행했을 때, 결과는 눈에 띄게 놀라웠다. 우리 마음 상태는 몸의 일부 화학작용까지 포함해서 신체 전반에 영향을 미치고 변화를 가져올 수 있다.

일상생활에서도 이 수행법을 이용할 수 있다. 한 가지 방법은, 당신이 성취하고 싶어하는 긍정적인 결과를 구체적이고 생동감 넘치는 언어로 상상하는 것이다. 그것을 아주 선명한 영상으로 마음속에서 그려 보라. 그것은 당신 마음 안에 있다. 완수된 상태로 말이다. 그리고 나서 현실에서 필요한 방안들을 동원하여 당신이 상상한 영상이 실현될 수 있게 하라. 당신이 갖추어야 할 것은 긍정적인 결과를 가져올 구

체적인 행동뿐만이 아니라, 긍정적인 결과를 마음속에 떠오르게 하겠
다는 용기와 각오이다.

　당신이 공포, 우울, 의심, 심약함에 사로잡힐 때, 심상창조는 당신
을 무력하게 만드는 작용을 하기도 한다. 그런 생각에 사로잡히게 되면
당신은 자신이 성공할 수 없다고, 분명히 실패할 게 뻔하다고 상상하기
시작하고, 어느 순간 당신의 실제 모습은 상상했던 그대로 실패하게 된
다. 그렇다면 자신을 돕는다고 하기보다 실제로는 마음속 떠올리기를
통해 당신의 활동에 부정적인 결과를 가져옴으로써 자신을 방해하는 셈
이 된다. 심상창조가 언제나 쉬운 일은 아니다.

　그렇지만 당신은 언제나 긍정적일 수는 있다. 거기에 위험이 따를
수도 있고 항상 성공하는 것도 아니지만 성공에 유리하도록 당신의 마
음은 가장 낙관적인 시나리오가 마련되어 있어야 한다.

　심상창조란 당신 마음 안에 깃든 능력에게 도움을 청하는 것을 뜻
한다. 그 능력은 만약 당신이 곤경에 처했을 때 잘 다루기만 한다면 기
꺼이 당신을 도울 준비가 되어 있다.　그것에 익숙해질 필요가 있다.
그것은 당신의 일부이다.

전화위복(轉禍爲福) ••• 우리는 신중하게 인생을 계획하려고 애쓰지만, 어쩔 수 없이 만사가 순조롭지 않은 때가 있게 마련이다. 이는 바깥 세계 탓일 수도 있고, 또는 우리 자신의 실책 때문일 수도 있다. 둘 다 원인일 수도 있는데 이 경우가 가장 많다. 우리는 참담하고 비참한 기분에 속수무책 무력하기만 하다. 이것이 모든 사람에게 일어나는 일이다.

불행한 상황에 처할 때 체념하고 절망할 수도 있지만 반대로 역경을 기회로 자신의 결단력과 상상력을 검증하는 기회로 삼을 수도 있다.

바람직한 경우는 두말할 나위 없이 역경을 전화위복의 계기로 삼는 일이다. 그런 과정에서 우리는 자신이 놓인 상황을 의식적으로 재조정할 수 있다. 그렇게 해서 어두운 기억 속에서 우리의 마음속에 악몽처럼 출몰했을 상처는 환한 불꽃으로 바뀌고, 웃음을 머금을 수 있게 된다.

중압감을 느낄 필요도,
비참한 기분에 잠길 필요도,
혹여 처량하다는 생각을 할
필요도 없다.
당신에게는 능히 할 수 있는
아름다움에 잠긴 산책이 있지
않은가.

긍정적인 행동 ••• 불리한 상황을 유리하게 전환하는 간단한 예를 들면, 당신이 막 기차를 놓쳤다고 상상해 보자. 당신은 자신과 세상만사에 짜증이 난다. 그렇지만 이런 부정적인 경계 안에 계속 머물러 있는 것은 헛되고 힘만 빼는 일이니, 긍정적인 행동을 취하라.

숨을 깊이 들이쉬고 입가에 웃음을 머금어라. 다시 숨을 깊이 들이마셔라. 내내 마음에 걸리는 일이었으나 미처 손을 대지 못한 일이 있다면 바로 시작하라! 그것이 며칠째 쓰려고 벼르던 편지 한 통이라면 온 마음을 기울여 최대한 감수성을 발휘해 편지를 써보자. 편지는 당신과 받는 사람에게 기억에 남을 것이다. 이것이 역경을 기회로해서 복을 마련함이다. 자포자기하여 당신 운명을 한탄할 일이 아니다.

불행한 처지에 놓일 때마다 우리가 체념하고 절망할 수도 있지만, 불행을 자신의 결단력과 상상력을 검증하는 계기로 삼는 일은 얼마든지 가능하다.

자아의 균형잡기 ••• 우리는 모두 마음의 평정, 평안, 조화를 갈망한
다. 그렇지만 돈으로는 살 수 없다. 당신 내면에서 끌어올려야 한다. 그렇
다면 당신은 자아라는 아주 깊숙이 자리잡은 보고(寶庫)를 열어야 한다.

지나치게 긴장감을 유발하는 환경에 사는 것은 좋지 않다. 지나친
긴장감을 필요로 하는 직업에 종사하는 것도 당신을 매일 지치게 한다.
마음의 평형과 유지에 도움이 될 만한 주변환경과 직업을 고르려고 가
능한 한 최선을 다해야 한다.

바쁘고 복잡하게 사는 현대인에게 좋은 환경에서 살고 직업을 선
택할 여유가 없다고 할 수도 있다. 우리에게 떠넘겨지는 간단치만은 않
은 문제이다. 그럼에도 불구하고 우리한테는 대개 행사하는 것 이상으
로 훨씬 더 많은 선택권이 주어져 있다. 그러므로 선택에 있어 우리의
결정은 더욱 확고해야 한다! 우리가 사는 이 시대의 정신없는 행보의
와중에도 간단한 몇 가지 수행으로 당신은 자아의 균형잡기를 통해 마
음의 평형과 어느 정도 평정을 되찾을 수 있다. 당신이 처한 환경이 제
대로 된 명상을 하기에 적합하지 않다 해도 언제든지 심호흡을 할 수
있는 몇 초간의 여유는 있게 마련이다.

웃 는 연 습

숨을 깊이 들이마시자. 특히 좀 황망하고, 어리둥절하다거나
당황할 때 숨을 깊이 들이마셔라.
마음을 가라앉히고 숨을 깊이 들이마시고,
호흡하는 동안, 입가에 자연스럽게 웃음이 번지도록 해보자.
호흡하면서 미소를 머금고 얼굴과 마음이 어느 정도 편안하게 이완되었는지
실감할 수 있게 하자. 호흡과 웃음을 병행하는 동안 말이다.
이 웃음이 몸 구석구석 번져 나가게 하여 온몸으로 호흡하고 웃어보자.
당신이 입가에 웃음을 머금기 시작할 때,
입술이 놀라운 솜씨로 마술을 부려 당신은 평온함을 느끼게 된다.
이렇게 웃고 호흡하기를 매일 반복 연습하자.
이 웃음으로 당신이 얼마나 행복해지고,
다른 사람들이 얼마나 긍정적인 영향을 받는지 느껴보자.
당신이 호흡하면서 웃음을 머금는 수행을
한뒤 평온해진 마음의 변화를 느낄 것이다.
당신의 웃음에는 힘이, 평온함과 마음의 평정이 발휘하는 힘이 깃들어 있다.
매일 그 힘을 활발하게 사용하자. 비용은 들지 않는다!
이러한 마음의 평정 상태는 당신이 자신감을 다져 가는 일이고,
당신의 역량을 고취시키는 하나의 과정이다.

요가마다
지향하는 것은
다부진 육체가 아니라
강인한 영혼,
이를 통해 궁극에 도달하려는 곳은
가장 심오한 의미에서
개인의
자아 실현.

참여 ••• 이 세계에서 수행하는 모든 행동이 우리를 참여로 이끈다. 행동할 때마다 그것이 우리를 이 세계로의 참여로 이끈다. 아무것도 하지 않을지라도, 몸은 무수한 순환과정에 참여하고, 마음은 너무나 많은 일들에 관여하면서 흘러간다. 전 우주가 하나의 거대한 참여과정 participatory process : 참여민주주의participatory democracy에서 참여가 쓰인 것과 같다. 저자가 만든 말이다. 우주에서 일어나는 모든 현상은 불가분의 구성원들이 참여하여 이루어지는데, 이것을 과정이라는 말로 표현했다. 우주가 전체이면서 하나인 것을 강조한다. 이다.

참여는 역량강화를 이루는 기본 방식에 속한다. 예전에는 한창 자라는 사내아이들이 사냥터로 어른들을 쫓아가면, 이것이 아이들에게는 일종의 능력을 키우는 일이었다. 참여는 우리 삶에서 매우 중요하면서도, 또 매우 일반적이어서 종종 우리는 그 의의를 망각한다. 참여를 당연하게 받아들여서 그것에 잠재한 가능성을 개발하는 데에 등한시하는 경우가 너무나 비일비재하다.

참여에는 온갖 방식이 있다. 다른 사람들과 대수롭지 않은 게임도 참여이다. 세제 한 상자나 시리얼 한 상자를 많은 상품들 가운데에서 고르는 것은 선택의 문제이지만 이것 역시 일종의 참여이다. 그러나 모두 대수롭지 않은 참여이다. 텔레비전에서 별 볼일 없는 뉴스 몇 토막을 시청하는 것도 일종의 참여이다. 그러나 이것 역시 대수롭지 않다.

대수롭지 않은 게임과 활동에 지나치게 많이 참여하면, 결국 당신이 대수롭지 않은 존재가 될 것이다.

대수롭지 않은 참여로 종국에는 진저리가 나고, 의식은 천박해지며, 그로 인해 인생을 깊이 이해할 수 없다. 반면에 진정한 참여는 마음을 사로잡고 거기에 몰두해 만족감을 느끼게 되는데, 그것이 당신 삶에 의미를 더한다.

모든 참여에는 전제가 되는 배경이 존재하고, 거기에서는 규칙의 지배를 받는다. 우리가 규칙을 무릅쓰고서라도 게임에 참여하는 까닭은 게임을 하는 과정에서 용기와 지성을 발휘하고, 우리 존재의 가치를 입증할 수 있기 때문이다.

만족스럽지 못한 형태의 참여라면 보이지 않는 규칙에 의해 통제받고 조종당하는 것이다. 그런 환경에서 우리는 스스로가 참여하고 있다는 거짓된 믿음 때문에 좌절감을 맛보는데, 이는 위장된 참여일 뿐이다.

만약 우리가 끊임없이 통제 받고 조종당

진정한 참여에서는
삶의 풍요로움을
찾아볼 수 있다.

하게 되면, 우리 안의 생명은 좌절할 것이다. 이는 아주 간단하다. 의미 있는 참여라면 활발하게 가담해야 한다. 만약 어느 분야, 특히 예술 방면에서 당신이 창조적이라면, 지성이 발현되고 궁극에는 당신 영혼이 거기에 관여한다.

우주에서 일어나는 모든 명백한 변화에는 창조적인 참여의 결과이다. 그런 참여가 없다면 불안과 정체(停滯)만이 깊어갈 뿐이다.

우리가 참여할 때 전제로 삼는 배경을 제대로 인식해야 한다. 그 배경이 심오하고 의미 깊은 것일수록, 참여의 형태 역시 의미 깊은 것이 될 것이다. 그 배경이 피상적일수록 참여 역시 피상적이고, 게다가 그 사람의 삶 역시 피상적이게 된다.

창조적으로
참여한다는 것은
우주와 함께 노래하는
것이라네.

긍정적인 사고방식 ••• 우리 삶에서 상당히 많은 것들이 역량강화의 길이고, 또 우리는 마땅히 그렇게 인식해야 한다. 희망은 역량강화의 길이다. 희망은 생명의 약동(躍動)life force; elan vital 프랑스 철학자 베르그송이 즐겨 사용한 용어이며, 희망이 줄어들 때 역량강화의 기반은 약해진다. 책임은 역량강화의 길이다. 각성도 역량강화의 길이다. 기쁨도 역량강화의 길이다. 위대한 사상에는 긍정적인 에너지가 넘쳐난다. 그 사상들을 받아들여서 얼마든지 당신 우주의 일부가 되게 할 수 있다. 세계를 하나의 성역으로 보는 시각은 역량강화의 길이다. 덕을 추구하기 위한 노력은 역량강화의 길이다. 자아의 가치에 대한 인식과 자신감은 역량강화의 길이다. 분명한 사실은 당신이 하고 싶어하는 일을 할 수 있다는 것, 당신은 대우주의 경이로운 일부라는 사실이다. 지혜는 역량강화의 길이다. 기도(祈禱)가 역량강화의 길일 수 있으나, 외부의 신에게 이것저것을 달라고 애원하는 기도가 아니라 당신 자신을 신의 경지에까지 끌어올려서 그 내면의 신과 중대한 문제들에 대해 상의하는 기도일 때 그렇다. 사랑은 역량강화의 길이다. 사랑할 수 있음은 축복이고, 사랑 받음은 특권이다. 아름다움에 잠긴 산책은 역량강화의 길이다. 당신은 아름다움에 잠긴 산책을 할 수 있다. 이러한 생각이 역량강화의 길이다.

역량강화의 완성 ••• 만약 당신이 이 세상에 신이 깃들어 있는 모습들을 깊이 고찰하는 일을 멈추지 않고, 그것들과 당신 삶이 일치하도록 노력을 기울인다면, 당신은 신에게로 다가간다. 기억하라, 카르마가 도처에 퍼져 있음을. 당신의 생각이 당신을 형성한다. 당신이 이 우주에 참여하는 방식이 당신 운명을 새기는 조각도이다.

역량강화의 방법들은 별개의 과정들이 아니라, 당신의 전(全) 생명의 에너지장(場)을 조정하는 단일 과정으로 보아야 한다.

우리는 모두 창조적인 참여라는 여권을 안주머니에 넣고서 여러 곳을 경유하게 될 여행에 나설 채비를 해야 한다. 역량강화는 당신 안에 있으면서 해방되어 만개하기만을 기다리는 우주의 창조적인 힘, 그것에게 경의를 표함이다.

신을 생각하는 자는
신이 되고,
신을 부정하는 자는
자기를 부정한다.
— 우파니샤드

아름다운 영혼

태양 같은 눈(目)이 아니었다면
태양을 볼 수 없었을 테고,
아름다운 영혼이 아니라면
아름다움을 볼 수 없는 법.
 -- 플로티누스

영혼을 찾아가는 길목 ••• 우리는 지금 그대로 우리이다. 또한 우리
는 다른 무엇인가를 모색하는 자기에게 상처를 주어서는 안 된다. 그러
면서도 우리는 계속 형성되어 가는 과정에 있다. 만약 우리가 이 과정
을 멈춘다면 돌처럼 굳어질 것이다. 창조적인 본성, 다시 말해 무엇인
가를 펼쳐보이는 능력은 우리 인간의 본성 중에서 가장 본질적인 특성
이다. 이런 의미에서 본다면 삶은 끝나지 않는 혁명이고, 자기를 부단
히 재창조하는 과정이다.

　이것이 특히 들어맞는 것은 우리 영혼의 삶, 우리 안에 존재하는
다양한 층 가운데 가장 심오하고 의미깊은 영혼이 누리는 삶일 경우이
다. 우리 모두는 자기 영성이 지닌 가능성과 자신이 무슨 존재가 되기
를 원하는지에 대해 자각한다. 이를 위해서는 올바른 신앙도 있어야 하

용기를 내어
당신 영혼이 짊어질
운명을
스스로 개척하라.

지만, 우주에 대한 더 넓은 시각이 함께 따라
주어야 한다. 한정된 관념 체계를 광신적으로
추종함은 올바른 신앙과는 다르다.

　올바른 신앙은 인간 영혼의 위대한 이상
(理想)에 뿌리를 두고 있으며, 이상은 우리 모
두를 지탱하는 버팀목이 되어 줄 수 있다.

영성요가를 수행하기 위해 당신에게 필요한 것은 우주의 신성한 본질에 대한 확고한 믿음이며, 그것은 인격신에 대한 것이 됐건, 그보다 확장된 어떤 절대적 영혼, 즉 인간 영혼의 이상에 대한 것이 됐건 상관없다. 당신에게는 자기 고유의 삶을 가치 있는 것으로 만들겠다는 의지가 필요하다. 누구나 갖추어야 할 것으로는 사랑을 담을 '그릇' vessel

카잔차키스의 소설 『성 프란치스코』에는 프란치스코가 낯선 마을에서 그릇을 하나씩 나누어 주겠다고 외치는 장면이 나온다. 몰려든 사람들에게 그는 우선 그릇을 소개하는데, 다름 아닌 사랑이다. 그리고 거기에 모인 사람들에게 빠짐없이 그릇을 나누어 주었다. 이 있다. 자, 이제 당신에게 적합한 영혼의 모색 방향을 선택하라.

당신은 신을 두려워해서는 안 되며, 바로 이 신의 감화력으로 말미암아 우리의 영혼이 고양되고 승화된다는 점을 인식해야 한다. 당신의 내면에 깃들인 신성을 따로 제쳐놓는다는 것은 당신의 인간성을 따로 제쳐놓는 것이나 다를 바 없다.

완전히 구현된
인간성은 곧
신성이다.

아름다운 존재

용기를 내어 허심탄회하게 당신의 잠재력 안에 존재하는 사람,
당신이 되고 싶어하는 그 사람을 내면으로부터 불러내라.
그 사람으로서 당신에게 나타날 법한 특징들을 모두 마음속에 그려라.
만약 당신이 이 사람이라면 어떻게 행동하고, 무슨 말을 하고,
무슨 생각을 하고, 무슨 감정을 느낄지 상상하라.
그런 다음 당신이 바라는 특징들을 얻기 위한 방안을 직접 마련하라.
지금 당신은 대리석상을 앞에 두고 창작에 열을 올리는 조각가와 같다.
당신이 되고 싶어하는 그 사람이 지닐 법한 다양한 모습들을
마음속에 그려라. 그리고 나서 천천히,
그렇지만 신중하게 그것들을 당신의 존재 안으로 끌어들여 융합시켜라.
이 과정은 서두른다고 되는 것이 아니라,
여유를 갖고 거듭 되풀이함이 유일한 방법이다.

당신 안으로 물러나서 보라.

그래서 당신이 아직 아름답게 느껴지지 않다면,

미의 구현을 눈앞에 둔 조각가가 하듯이 해야 한다.

그는 여기는 쳐 내고, 저기는 고른다.

이쪽 선은 더 가볍게, 저쪽 선은 더 순수하게, 마침내

조각상에 아름다운 얼굴이 떠오르지.

당신도 그렇게 하라. 도에 넘친 것 모두 잘라내고,

구부러진 것 모두 곧게 펴고, 어두운 것 모두 밝게 비추어,

당신 안에 존재하는 모든 것이 아름다움의 화염에 휩싸이게 노력하라.

그래서 중단 없이 당신의 조각상을 다듬어 마침내

미덕이라는 거룩한 광채가 당신에게서 빛나고, 마침내

궁극의 선(善)이 순결한 신전에 우뚝 세워진 채

당신 눈앞에 현현하리다.

그래서 완전한 작품이 완성될 때,

최대한 자신감을 북돋우고, 전진하라.

한발 한발 서두르지 말고, 안내자는 더이상 필요 없다.

—플로티누스

여행 ••• 모든 문화권의 경전들이 영혼의 완성을 향한 여행길에서 우리를 안내하는 표지판이다. 그러나 혼자 떠나는 여행인 까닭에, 자기만의 행로를 찾지 않으면 안 된다. 당신은 자기 영혼의 본질, 내면의 신과 편안한 관계를 맺을 필요가 있다. 감정이입의 요가를 통해 일체감을 느끼게 된 자연의 기본요소들, 바위, 흙, 흐르는 물, 나무, 이것들에 대한 일체감 못지않게, 아니 그 이상으로 당신 내면의 신에게도 일치된 감정을 느껴야 한다.

신의 에너지와 그 특성들에 잠김으로써 당신은 천천히 신께 다가서는 것이고, 그 사이 당신 내면에는 경건한 공간이 싹튼다. 힌두교 경전에 '브라마비댜(Brahmavidya)' 라고 하는 황홀한 용어가 있다. 이는 '신을 보는 능력' 을 뜻한다. 누구에게나 존재하는 이 능력을 소홀히 다루어서는 안 된다.

하느님의 나라 ••• 느님의 나라로 들어가는 문은 과감히 그 안으로 들어가려는 자에게 활짝 열어 놓고 있다. 필요한 것은 상당한 결의와 자제이며, 또 그만큼의 자아 수행을 하지 않으면 안 된다. 당신이 준비될 때, 이 나라는 기꺼이 당신을 맞아들인다. 그리고 나면 그곳에 머무르는 것은 아주 자연스러운 일이 된다.

이 나라에 들어가려면 과감하게 뜻을 세우고, 의지력을 굳건히 하고, 자신이 마음먹은 바를 지칠 줄 모르고 추구할 수 있는 힘을 길러야 한다. 먼저 자신을 지고(至高)한 빛에 연결해야 한다. 당신은 심상창조의 수행법을 활용해서 이미 하느님의 나라에 있음을 눈앞에 그릴 필요가 있다. 그런 다면 그 신성한 공간은 당신에 의해서 주위에 생생한 현실로 변화될 것이다. 당신에게 필요한 것은 흔들리지 않는 믿음이다.

어떤 스승이나 구루에게도 너무 의존하는 일이 없도록 주의하라. 그들은 방향을 지시한다. 그들의 역할은 당신이 스스로 자유로워지게끔 도와주는 것이다. 그들의 도움으로 당신이 정도(正道)에 들어설 때, 홀로 깨달음

깨어나서, 일어나라!
지고한 존재를 향해
노력을 기울이고,
빛 가운데 머물라.
— 우파니샤드

에 도달할 수 있다. 지도하는 자의 의무는 당신을 추종하게끔 하는 것이 아니라, 당신 자신의 스승이 될 수 있게끔 이끌어주는 데에 있다.

당신은 자기 영혼이 짊어질 운명에 책임이 있으며, 몸소 그 웅장한 봉우리를 넘어서야 한다.

영원한 해방 ••• 우리 모두의 가슴 한복판 깊숙한 오지에는 진리, 평화, 빛이 살고 있다. 그곳까지 거리는 얼마 되지 않으나, 도달하는 데에는 오랜 시간이 걸린다. 당신은 지금 그곳을 향한 여행을 하고 있는가? 우주와 시간과 다른 사람들과 자기 자신과의 관계는 점점 더 편안함을 느끼게 되는가? 남들을 더 많이 용서하는가? 내면에는 점점 더 밝은 빛이 비치는가?

눈앞에 많은 것들이 우리 선택을 기다리듯 마음 앞에도 많은 것들이, 예를 들어 고대인의 지식, 당대(當代)의 지식, 비교(秘敎)적인 지식들이 우리 선택을 기다린다. 사람들은 어떻게 무엇이 옳고 타당한가를 선택하는가? 깨어 있는 선택을 하기 위해서 깨어 있을 필요가 있다. 우선 자기 자신을 진지하게 받아들여야 한다. 그러나 이 말은 허풍과 자만으로 가득 찬, 우쭐대는 바보가 되라는 뜻이 아니다. 자신을 진지하게 받아들인다면 잠재된 능력을 실현하려고 시도한다.

나도,
다른 누구도
당신을 대신해
그 길을 갈 수 없다네.
당신이 직접
그 길을 가야 한다네.
—월트 휘트먼

당신 안에 신이 존재함을
결코 인정할 수 없다면
영성을 되찾는다함은 불가능한 일.
자신을 진지하게 받아들임은
곧 신에게 다가서려는 열망이 되고,
이는 환상도 아니며,
과대망상증도 아니며,
균형감각 상실도 아닌,
분별 있는 길을 따름으로써
은총의 길에 들어서고
종국에는 그 길이
신 앞으로 인도할 뿐.

빛에 대한 명상

태초에 빛이 있었다. 그리고 존재하는 모든 것은, 대폭발(the Big Bang)의 원시 광자(光子)에서부터 시작해서 빛으로 만들어졌다.

당신은 빛으로 만들어졌다. 생명은 무수한 형태 속에서 발현되는 빛이다.

당신이 다양하게 변형되어 나타나는 물질들 속의 빛이라고 상상하자.

당신의 존재, 당신의 뼈, 살, 피가

빛으로 가득 차서 빛을 발하고 있음을 느껴보자.

걸을 때, 잠잘 때, 꿈꿀 때 스스로를 빛으로 생각하라.

대우주가 반투명의 영원한 현재라고 상상하자. 빛의 존재를 느껴라!

모든 공간이 천천히 당신 머릿속으로 빨려 들어가고 있음을 상상하자.

우주의 빛이 당신 머릿속으로 이동하여 그곳에 머물게 하자.

이 과정을 차분히 진행하자.

잠시 동안 빛이 충만한 상태로 있자.

그리고 아주 천천히 이전으로 되돌아가자.

---

* 대폭발the Big Bang현재 과학계에서 널리 인정하는 표준 우주론이다. 태초에 우주는 특이점(特異點)이라고 하는 초고밀도 상태에서 일어난 대폭발로 갑작스럽게 출현하게 되었고, 지금도 계속해서 팽창하고 있다고 설명한다.

* * 광자(光子: photon)전자기 복사, 즉 빛을 구성하는 작은 에너지 다발. 빛에 입자의 개념을 도입한 것이다.

인생은 더할 나위 없어.
인생은 수많은 빛깔이
엮어 나가는 무지개.
우리는 우울할 필요 없고,
처량하고, 비참해 하지 않아도 돼.
우리는 아름다움을 느낄 수 있으니까.
당신은 아름다움을 느낄 수 있으니까!
그렇지만 우선 해야 할 일은
신의 은총을 입은 특별한 우주 원자(原子)임을
스스로 망각하지 않는 것이지.

내면의 평화 ••• 마음에 늘 걸림이 없게 하고, 책상 위를 말끔히 치워놓고, 건강을 유지한다. 그와 같이 조화로움을 꾀하는 행동들이 지향하는 것은 무엇인가? 그 목적은 내면의 자아가 언제나 만족한 상태가 되도록 하려는 것이다.

내면의 행복이 가장 중요하다. 그것이 진정한 행복의 원천이다. 다른 형태의 행복은 모두 물질이건, 감각이건, 명예이건 하나같이 부차적인 것들로서, 내면의 평화와 내면의 만족에 비한다면 사소한 것에 불과하다.

성인이나 구도자와 마찬가지로, 당신 역시 표면에 머무는 것에 만족하기를 원하지 않는다. 당신은 진정한 행복을 원하고, 그것은 영혼이 느끼는 지복(至福)이다. 이런 이유로 당신의 집이 늘 정돈되어 있어야 한다. 내면의 공간이 흐트러지거나 자꾸 산만해지는 것을 막기 위해 당신은 외부 공간을 가지런히 정리하자. 매우 간단한 이런 행동조차 혼란이 시대의 질서가 된 우리 시대에는 무척이나 어렵게 되었다.

영혼의 지복을 위해서 단순하게 사는 것이지, 단순한 삶 그 자체가 목적은 아니다.

내면의 평화를 위해, 만족을 위해, 행복을 위해 치러야 할 대가가 무엇인가? 당신에게는 행복에 도달하고 내면의 평화를 이룰 만한 시간 여유가 있는가? 그렇지 않으면 보잘것없는 시시한 일들에 시간을 낭비한 뒤 스스로에게 할애할 시간이 없다고 불평하는 쪽을 택하겠는가?

당신은 인생을 어떻게 살기를 원하는가? 선택은 당신 몫이지만, 이는 평범한 선택이 아니라 당신 운명을 결정짓는 선택이다. 올바른 선택을 위해서는 명석한 이해력과 명석한 통찰력이 필요하다. 그래야 일상 활동이 자기를 깨달음으로 인도하는지, 존재의 가치를 향상시키는지, 그로 인해서 혜안(慧眼)과 도약의 날개가 생기는지 판단할 수 있다. 명석한 통찰력은 그곳, 당신 내부에 있다. 깊이 파라. 당신 안에 존재하는 심연을 두려워 말라. 당신의 가장 좋은 벗이다.

치러야 할 대가가 없다면 얻는 것도 없다. 내면의 평화와 행복을 원하는 당신에게 시간과 자제가 요구된다. 당신에게는 또한 더할 나위 없는 결의, 결단력도 필요하다. 그것이 발휘되는 과정에서 당신 인생이 무언가 가치 있는 것이 되려 함을, 인생의 중요성을, 영혼이 주가 되는 존재로 자각하고 있음을 느끼게 될 것이다.

인디언의 기도

오, 위대한 영혼이여
바람결에 당신 목소리가 들려옵니다
천지에 생명의 숨결을 불어넣으시는 당신이시여,
제 말씀을 들어주소서! 작고 미약한 이 몸은
당신의 힘과 지혜가 필요하나이다.

제가 아름다움에 잠긴 산책을 하게 하시고,
영원히 이 눈이 자줏빛 붉은 석양에 가 닿게 하소서.

이 손으로 당신 창조물들을 경탄하게 하시고
이 귀가 당신 목소리를 향해 늘 열려 있게 하소서.

당신께서 제 종족에게 가르치신 것들을
이해할 수 있는 현명함을 제게 주소서.

모든 잎사귀와 바위 뒤에 감추신
당신의 가르침에 제가 다가갈 수 있게 허락하소서.

제가 힘을 구함은 형제보다 위대해지려는 까닭이 아니라,
가장 무서운 적, 바로 제 자신을 무찌르기 위함입니다.

언제나 당신 앞에 나아갈 준비로
두 손을 순결하게 두 눈을 정직하게 하겠나이다.

그래서 생명이 시들 때, 스러지는 저 노을처럼,
부끄러움 없이 제 영혼이 당신께로 이르겠나이다.

생태환경과 영성 ••• 영성요가에서 당연하게 받아들이는 기본전제는 우주가 신으로 충만하고, 바로 당신이 작은 신이라는 믿음이다. 거기에는 어떤 형태의 조직화된 종교나 신 중심의 종교에 구속되어야 한다는 주장은 포함되지 않는다.

영성요가는 에코요가의 일부이다. 따라서 아주 자연스럽게 에코요가 안에서 영성이 생태환경과 연관을 맺고 우리 의식에 떠오른다. 생태환경과 결합한 영성은 특별하다. 생태환경이 쟁점으로 부각된 이 시대를 살아가는데 힘이 되어 준다.

이미 언급한 것처럼, 세상을 성역으로 여기면 세상은 경건하고 성스러운 곳이 된다. 우주가 무엇이 되는가는 당신에게 달렸다. 기계처럼 다룬다면 기계가 되고, 신성한 장소로 다룬다면 신성한 곳이 된다. 생명에 대해, 우주에 존재하는 모든 것에 대해 경건한 마음을 지니는 것은 생태환경과 관련한 영성에서 첫째 필요조건이다.

생태환경을 깊이 이해하면 우주 전역에서 고동치는 생명의 아름다움과 강한 일체

운명의 별들을
받아들여서 그들로부터
당신의 굳은 의지가
꺾이지 않을
힘을 얻을지니.

감을 느끼고 마침내 그 일부가 되며, 이는 행동하는데 있어서 경건함으로 배어 나온다. 따라서 이해는 공감이 된다. 공감은 우주 숭배가 된다. 이 숭배가 일종의 영성(靈性)이다. 우리 시대에 생태 문제와 영성 문제는 하나가 되었다. 이것이 생태환경과 관련한 영성의 토대이다.

이 행성을 정화하는 일과 우리 자신을 정화하는 일은 우리 시대에 가장 중요한 영혼의 과업에 해당한다. 인종과 종교를 불문하고, 생태학은 우리 모두를 하나로 묶는다. 생태학은 오늘날 종교적인 의미를 띤 보편 과제이다. 구원(救援)이라는 사상에는 새로운 의미가 덧붙여져서, 지구를 정화함으로써 세상을 구한다는 뜻을 내포한다. 모든 종교에서 주장하는 헌신은 비록 형태는 다르지만 결국 이 행성의 아름다움과 온전함을 숭배하는 것임을 강조하지 않을 수 없다.

영성은 또한 언제나 그래 왔던 것처럼 우리 내면의 잠재력이 실현된 것, 우리 안에 깃들인 내면의 신이 현실로 드러난 것이기도 하다. 우리가 서로를 대할 때 그 기준으로 삼아야 하는 것은 잠재적으로 우리가 되었을 법한 존재, 즉 본인에게는 깨달음을 전해주고 다른 사람들

지구 정화는
우리 시대가 당면한
영혼의 과업이다.

에게는 정화되고, 통합을 이루고, 더욱 경건해지게끔 도움을 주는 우리 안의 신성한 능력이다.

자아 수행으로 내면의 신을 해방시키고 그것을 명료한 의식상태에 놓으려는 시도와, 외부세계에 관여함으로써 지구를 성화하려는 움직임은 생태환경과 관련한 영성에서 상호보완이 되는 측면들이다.

따라서 생태환경과 관련한 영성에서 지구에 대한 배려와 내적 자아에 대한 관심은 하나로 연결된다. 지구에 대한 숭배와 내면의 신에 대한 숭배가 결합하는 것이다.

올바른 요가를 적절히 수행함으로써 우리는 거대한 의식(儀式)에 참여하여 경건한 마음으로 대우주 앞에 예배드린다.

모든 생명체의 영혼이
우주 영혼으로부터
분리될 수 없음은
크나큰 기쁨이다.
— 티벳 불교에서 전하는 말

몸이 웃는다

삼 분에서 오 분 정도 방해받지 않고 앉아 있을 수 있는 곳을 골라 편히 앉자.

당신은 이제 아름다움에 잠긴 산책을 하려 한다.

당신의 존재를 총동원해서 말이다.

두 눈을 감고 숨을 깊이 들이마셔라. 당신 마음이 웃는다.

당신은 할 수 있다! 다시 웃는다. 이 웃음이 입술에 감돌고,

당신 입술에서 번져 나간 웃음은 눈으로 두 뺨으로 얼굴 전체로 이어진다.

이제, 목이 웃고 그런 다음 척추가 마디마디 차례로 웃으며 아래로 내려간다.

등 전체가 웃는다. 이 웃음이 퍼져나가 위, 신장, 간이 웃는다.

이 웃음으로 당신 갈비뼈가 잠기고 폐가 가득 넘치기를.

당신의 아름다운 심장이 웃는다.

이 웃음이 양어깨를 타고 올라가서 양팔로 내려오고…

그것은 양손바닥을 거쳐 손가락 하나하나에 이른다!

그리하여 웃음은 계속 나아가 아래로 내려가고 두 다리를 통과하여,

종아리를 거쳐 무릎과 발목으로,

거기에서 다시 두 발로 발꿈치로 발가락으로 이어진다.

이제 당신의 몸 전체가 아름답게 이완되었다. 몸 전체로 웃고 있는 동안, 우주
에게 인사를 던지며 웃고 있는 그 에너지를 활짝 벌려서

우주를 껴안아라.

샘솟는 생명력

> 현재 모습을 육안으로 보고
> 사람을 대하는 것은
> 부당한 수모를 안기고,
> 마땅히 되었을 존재를 심안으로 보고
> 사람을 대하는 것은
> 존재의 꽃을 안긴다.
>
> ─괴테

새 출발 ••• 인간이 추진하는 일이면 어떤 일이든 규모가 크건 작건 상관없이, 새로운 정신으로 출발할 수 있다. 당신이 철저하게 과거와 결별할 때, 새로운 것들을 상상하기 위해서는 통찰력이 있어야 한다. 또한 통찰력을 충분히 전개하기 위해서는 의지가 있어야 한다. 의지를 제대로 이끌기 위해서 통찰력이 필요하고, 통찰력을 계속 유지하기 위해서 의지가 필요하다.

영감(靈感)의 원천에서 더 깊은 곳, 가치관과 본원적인 통찰력이 저장된 그곳에서, 탁월한 식견에 의해 우리에게 새로움에 대한 가치를 얘기하며 실행하라고 한다. 직관력의 보이지 않는 원천에서 나온 이 통찰력으로 말미암아 잠재된 능력과 창조적인 본질이 발현된다. 나중에 가서야 이 통찰력을 해명하는 이성적인 과정이 뒤따르는데, 그것은 통찰력의 꿰뚫는 듯한 목소리에게 마음이 보내는 찬사와 같다.

독창적인 사고가 이성적인 사고보다 앞선다. 그러기 위해선 관습에 복종하지 않는 용기가 필요하다. 용기는 어떤 형태의 독창적인 사고에서든 가장 중요한 역할을 차지한다. 용기 없이는 무엇도 해낼 수 없다.

낡은 먼지를 떨어내기 위해서, 또 한 자리에 안주하려는 세상사의 관성을 극복하기 위해서, 당신은 상상의 자유를 누려야 한다. 상상력은 통찰력을 지칭하는 다른 말이다. 판에 박힌 듯 사람들을 마비시키는 구태의연한 세상의 질서를 극복하기 위해서는 깜짝 놀랄 만한 상상력이 필요하다.

또한 희망도 없어서는 안 된다. 용기에게 날개를 달아주기 위해 희망이 필요하고, 희망의 에너지를 다시 채우기 위해 용기가 필요하다.

이 개념들 각각은 나머지 세 가지 개념과 서로 연결된다. 통찰력, 의지, 희망, 용기, 이것들이 함께 인간 행동의 심층 구조를 형성한다. 이 심층 구조는 이성에 앞서거나 이성을 초월하지만, 그래도 모든 이성적인 업무를 뒷받침하는 근거가 된다. 내면에 존재하는 생명의 원천인 이것들은 원형(圓形)의 만다라를 형성해서 그 안에서 각 요소는 나머지 세 요소들을 동시에 정의 내린다.

희망은 우리 존재의 발판이다. 살아 있다는 것은 희망을 품고 사는 것이다. 희망은 우리 정신 건강과 육체 건강의 필수 조건이다. 희망은 가짜 장신구가 아니고, 사치품도 아니고, 내면의 생명이 솟아나는 근원이다.

그 끝을 알 수 없는 희망
우리는 결코 그것을
잃어서는 안 된다.
—마틴 루터 킹

희망 ••• 희망이란 우리가 인생의 가치에 거는 신뢰가, 더 넓게는 우주의 의미에 대해 품고 있는 신념이 옳다는 것을 거듭 확언하는 것이다. 희망은 모든 의의, 모든 노력, 모든 행동의 필수조건이다. 희망을 받아들인다 함은 일종의 지혜인 반면, 희망을 포기하는 것은 일종의 어리석음이다.

희망은 매일 우리에게 힘을 주는 양식(糧食)이고, 우리 가슴과 영혼이 들이마시는 산소이다. 희망은 죽음으로부터 삶을 건져올리는 바로 한줄기의 빛이다. 희망의 타당성은 긍정의 타당성, 단결의 타당성이다. 그것은 연민의 타당성이고 용기의 타당성이다. 희망의 타당성은 또한 책임의 타당성이기도 하다. 이 속성들 모두가 삶을 구성하는 바로 그 재료이다. 곧 활기차고, 빛나고, 평화롭고, 조화로운 삶이다.

희망은 사랑을
북돋우고,
사랑은 희망을
북돋운다.

희망은 용기이고, 용기는 맹목적이지 않다. 희망은 긍정이고, 긍정은 어리석지 않다. 희망은 책임이고, 책임은 무분별하거나 전적으로 불가능한 모험을 배제한다.

희망의 타당성으로 말미암아 우리는 정당하게 우리 영혼의 본성, 즉 우리가 마땅히 되었을 법한 자의 모습에 스스로를 투영해서 그런 존재로 있고 또 그렇게 될 수 있는 권한을 지닌다. 희망은 바람직한 우리의 원래 모습에 권리를 주장하는 것이다. 희망을 품고 사는 것은 훌륭한 요가이다. 희망은 사랑을 북돋우고, 사랑은 희망을 북돋운다.

진정한 존재로 사는 데에는 용기가 필요하다. 그것은 사회가 지시하는 규범이나 생물학적인 충동에 의해서 조정되는 자동인형의 삶이 아닌, 힘들여서 선택을 하는 자유 행위자의 삶이다. 용기가 없으면 의미 있게 살 수 없다. 인생의 가치에 대한 신념이 붕괴될 때 그것을 지켜주는 것은 우리에게 계속 전진할 수 있는 힘과 결단력을 불어넣는 용기있는 행위이다.

용기는 희망의 에너지를 다시 채우는 연료와 같다. 용기와 희망은 쌍둥이 자매이다. 용기는 지성이나 순수 이성과는 다른 영역에 속한다. 그것은 또한 마음이나 순수 감정의 영역에도 속하지 않는다.

용기는
희망을 부채질하고,
희망은 용기에게
날개를 달아준다.

용기 ••• 용기는 우리 존재의 보이지 않는 차원으로서, 우리가 계속 의미를 추구할 수 있게끔 지지하는 역할을 한다. 용기는 인간 조건에서 없어서는 안 되는 것이다. 용기가 없으면 우리는 시를 쓸 수 없고, 새로운 철학을 구상하지도 못하고, 새로운 과학 이론도 창안할 수 없다. 인간 정신이나 마음에 새로운 출발이 있을 때마다 그것은 늘 용기 있는 행동이었다.

용기는 행동과 상상력을 부추긴다. 용기가 충분하지 않은 사람들은 자신의 상상력에서 날개를 떼어낸 것이라 할 수 있다. 상상력이나 통찰력은 새로운 것, 비범한 것, 굉장한 것을 꿈꾸는 용기이다. 새로운 착상은 그것을 생각해 내는 번득이는 용기가 없으면 우리 마음에 찾아들지 않는다. 한 개인의 삶에도 똑같이 적용할 수 있다. 만약 당신이 자기를 용감한 사람이라고, 그래서 어떤 일을 완수할 능력을 지녔고 혼자 힘으로 존엄하고 아름다운 삶을 일굴 수 있다고 상상하지 않는다면, 존엄하고 아름다운 삶은 요원하다.

용기는 미묘하고
손으로 만질 수 없어서
지나가는 바람과 같다.
그런데도
바람과 마찬가지로
닿지 않는 곳이 없다.

침묵과 용기가 우리를 감쌀 때 새로운 세계가 잉태된다. 확신을 잃고 비틀거리는 우리의 삶 한복판에 용기있는 행동이 나타나서 우리에게 비록 만사가 어처구니없게 보일지라도 계속 전진하라고 자극하고 격려를 보낸다.

용기의 첫 번째 적(敵)인 두려움은 당신을 초라하게 만들고, 그로 인해 당신은 어쩔 수 없이 자신의 작고 애처로운 껍질 속으로 움츠리게 된다. 용기의 또 다른 적은 과거 실패에 대한 기억이다. 당신은 실패한 경험이 있기 때문에 두려움을 느끼고, 그때에 충분한 용기, 굴하지 않고 밀고 나가는 용기가 없었기 때문에 실패했다. 세상으로 나가서, 역경을 기회로 전환하는 용기와 결단력이 없었던 것이다.

용기가 있다는 것은 결코 실패하지 않는다는 뜻이 아니라, 일어서서, 먼지를 털고, 웃으며 전진하고, 꾸준히 밀고 나가고, 그리고 다시 시도한다는 뜻이다.

용기는
역량강화의
과정 중 일부이고,
이 역량강화의
보이지 않는
근원이다.

통찰력 ••• 당신에게 두 눈이 주어졌는데도 제대로 뜨지 않는다면, 당신은 눈뜬장님이나 진배없다. 상상력과 통찰력이라는 자질을 부여받고도 그것들을 전혀 사용하지 않으면, 어둠 속에서 길을 더듬는 것이라 할 수 있다.

당신이 깊이 숙고해야 할 또 하나의 심오한 진리는 자신이 상상한 대로 그런 존재가 되리라는 것이다. 신을 생각하는 자는 신이 된다. 우리가 생각하는 것, 우리 자신이 가능하리라고 상상하는 존재, 우리는 그것이 된다.

통찰력이라는 날개가 우리를 새로운 영역과 현실로 데려간다. 이와 같이 미래를 꿈꾸고 상상하는 과정은 심상창조를 하는 방법 중의 일부이다.

상상력이 풍부한
사람 눈에는
자연이 상상력으로 넘친다.
그 자신만큼 볼 것이다.
—윌리엄 블레이크

우리가 무언가 되기를 희망하는 존재 안에서 외부세계로 투영함으로써, 우리는 깨달음이라는 웅장한 봉우리로 여행을 떠난다.

통찰력이 없다면 우리는 서서히 죽어가는 정신을 경험하게 된다. 통찰력은 단조로운 생활에는 필요없지만, 영감(靈感)을 부여받은 삶에서는 없어서는 안 된다. 오늘날 우리사회의 가장 심각한 골칫거리는 통찰력이 쇠퇴하는 현상이다. 될 대로 되라는 식, 허무주의, 폭력, 이 모두가 긍정적인 통찰력에 극단적으로 굶주려 있음을 표현한다.

　　통찰력은 엄청나게 크고, 값을 매길 수 없이 귀한 자산이다. 그것은 이성의 작용을 넘어선다. 그것은 신과 같다. 신에게 부여받은 통찰력으로 우리는 가능한 모든 시야를 꿰뚫을 수 있다.

마음에 사랑과 연민을 가득 담고
생각할 때나 행동할 때 언제나
그 작용을 모든 살아 있는 존재들에 대한
봉사로 향해야 한다.
—리벳 불교에서 전하는 말

의지 ••• 의지와 의지력이 발현되어 나타나는 현상은 우리 이성이 이해할 수 있는 범위를 넘어선다. 그런데도 역시 그것은 전적으로 합리적이다. 우리는 그것이 일상에서 어떻게 작용하는지, 그리고 우리가 일상 생활을 계속 꾸려가는데 그것이 얼마나 필요한지 알고 있다. 의지로 인해 행동은 결실을 맺고 꿈은 현실로 나타난다.

그런데도 의지는 신중하게 사용하지 않으면 매우 예리한 칼이 되어 다른 사람을 해칠 수도 있다. 다른 사람들을 억압해서 이기적인 자아의 입맛에 맞게 조종하는 따위의 의지는 억눌러야 한다. 우리가 길러야 할 의지는 마치 도공이 무형의 진흙에게 형체를 부여하듯 우리 활동에 형태를 부여하는 의지, 다시 말해서 우리에게 힘, 용기, 영감을 불어넣는 의지이다.

다른 사람들로 하여금 살아갈 의지, 굴하지 않을 의지, 인생이라는 무정형의 실체에 의미를 부여하고자 하는 의지를 품게끔 고무하는 것은 신들의 심부름꾼이 되는 일이다.

불확실한 삶일지라도 우리가 존엄하게 살 수 있는 것은 타고난 의지가 있기 때문이며, 이것은 우리 내면에 존재하는 신에게 합당하다.

우리 통찰력이 자라게끔 도와
천사의 길목으로 우리를 데려가는 의지,
우리에게 연민의 감정을 불어넣어
부드러운 빛깔의 호박(琥珀) 같은
불꽃으로 빛을 발하게 하는 의지,
그것을 지니는 것이
지혜의 비결이다.

<u>행보의 열쇠</u> ••• 행복의 개념을 달성할 목표로서 받아들이는 사고 방식은 버려야 한다. 대개 그것은 이기적인 자아를 만족시키려는 욕구가 감추어져 있는 함정으로 작용하기 때문이다. 행복의 열쇠는 이기적인 자아와 야심을 놓아 버리고, 미래를 전망하는 세계관과 사명의식을 품는 것이다. 행복해지려고 애써서는 안 된다. 행복에 이를 수 있는 길은 단지 추구하려고 노력하는 과정일 뿐이다. 행복은 존재의 확정된 상태가 아니라, 부단히 형성되어 가는 과정이다.

　　당신은 인생에서 의의를 발견하기 위해, 개인의 이기적 자아를 넘어서는 어떤 것을 실현하기 위해 노력해야 한다. 당신이 지향하는 대의 명분만큼이나 당신은 위대하다.

　　위대한 이상은 당신을 고양시켜서 자아라는 작은 테두리를 넘어서게 만든다. 위대한 이상은 당신을 경건함으로 충만하게 하고 당신에게 존엄성을 불어넣는다. 경건함과 존엄성 이 두 가지는 가치있는 삶을 이루는데 필요한 구성요소가 된다. 당신 자신을 최대한 확장해서 다른 사람들에게 봉사하고, 이타주의라는 대의(大義)에 이바지하는데 헌신하라.

　　인간의 운명을 구성하는 것에는 단지 평범한 육체뿐만 아니라 별들도 있다는 사실을 이해하고 그것을 통해 더 커다란 우주의 구성 체계로 뛰어들라. 그렇게 되면 삶의 가치는 더 높아지고 당신 존재는 더 확대될 것이다. 그리고 부차적인 결과로서 아마 당신은 행복에 이를 것이다.

행복은 당신 존재가 균형을 이룬 상태이고, 다른 사람들에게 인식되기로는 당신의 내면이 평온을 이루어서 그들을 고무하고 드높이는 상태이다. 당신에게는 힘과 결단력을 부여하는 것으로 내면의 차분한 상태가 느껴진다. 그것은 감각이 만족한 상태나 육체가 안락함을 느끼는 상태가 아니라 내면이 빛으로 채워진 상태이고, 행복에 접근할수록 더 많은 빛을 내면에서 인식하게 되는 상태이다.

진정으로 축복을 받은 사람들, 위대한 사상과 영혼을 지닌 거장들은 행복을 구하려고 하지 않았으나 의심할 바 없이 행복했다. 행복은 맹목적인 추구가 아니라 다른 사람들에게 봉사하는 일에 온전히 생을 바칠 때 찾아온다.

당신 내면에서
더 커다란 우주 질서와
통합이 이루어지는 동안
당신 자신과
조화를 이루는 것,
이것이 행복이다.

긍정의 철학 ••• 내면에 존재하는 생명의 네 가지 원천(통찰력, 의지, 희망, 용기)은 긍정과 역량강화의 철학에 속하고, 또한 생명을 찬양하는 노래의 일부이기도 하다. 모든 생명은 그것이 함축하고 있는 가장 심오한 의미에서 찬양을 담고 있는 노래이다. 긍정의 철학은 오늘날의 불안과 현대의 추세인 체념, 실의, 무력감과는 양립할 수 없는 성질을 지닌다.

실의를 내용으로 하는 인생철학들과 냉소주의를 당신의 인생지침으로 택하게 되면 긍정적인 것은 전혀 생겨나지 않는다. 그것은 시작부터 자신을 무력하게 만들고 그 결과는 쇠퇴한 삶의 의의일 뿐이다. 지금의 냉소주의, 상대주의, 허무주의를 해방된, 세련된 부류의 표현으로 너그럽게 받아들여서는 안 된다. 그것들은 파괴력을 지닌, 무력화를 동반하는 관념들로서 그로 인해 우리 영혼은 빛을 잃고, 생명의 불꽃은 희미해진다.

생명은 축제로다.
생명의 아름다움을 지켜 줄
생명이 지닌 힘들로
인생을 채우자.
희망, 통찰력, 용기, 의지
이것들을 발휘해
생명 그 자체를 찬양하는
생명으로 살자.

감수성, 그 생명의 꽃이여

> 가만히 들여다보라
> 짐승 안에 살아 있는 영혼을,
> 꽃들마다 자연으로 활짝
> 열어젖힌 영혼 아닌가,
> 신비는 사랑을 일깨우며
> 금속 안에 잠들어 있구나.
>
> —제럴드 드 네르발

현실의 창(窓) ••• 에코요가를 수행한다는 의미는 곧 대우주의 질서 내에 자리한 우리 위치를 깨닫는다는 뜻이다. 생명의 힘과 그것의 놀라운 상호작용, 진화를 정확히 이해하기 시작할 때, 우리는 고작 그것을 이해할 수 있을 뿐이다. 진화와 생명 그 자체를 파악할 수 있게 비밀의 문을 열어보이는 중요한 방법 한 가지가 감수성이 지닌 역량과 그 본질을 이해하는 길과 통한다. 감수성은 예민한 촉수에 해당해서 우리는 그것에 의해 생(生)을 받아들이고, 그것을 매개로 생을 명확히 표현한다. 인간보다 하등한 형태의 생명체에게도 이는 똑같이 적용되는 사실이다.

우리는 살면서 다양한 감수성들, 예를 들면 음악을 듣는 능력이라든가 주변 사람들의 기분을 알아맞히는 능력 따위를 개발한다. 우리의 감수성은 동물들에서 다른 형태의 자연으로 식물들과 나무들에게까지 확대해서 발전한다. 최초의 아메바가 원시 수프primordial organic soup생명체가 출현하기 이전에 지구는 암모니아, 수증기, 이산화탄소 등이 혼합된 원시대기에 둘러싸여 있었다. 그 속에서 오랜 세월 무수한 화학반응이 일어난 결과로 유기화합물들이 형성되었

감수성은
교향곡의 일부가 되어
생명이 그 자체를
노래할 수 있게 한다.

고, 그것들이 비에 씻겨 내려서 지구표면에 호수나 바다 따위를 이루었다. 이것을 '원시수프', 또는 이 가설을 최초로 주장한 과학자의 이름을 따서 '오파린의 대양'이라고 부른다. 에 모습을 드러냈을 때, 그 것들이 살아남을 수 있었던 까닭은 새로운 감수성을 습득해서 반(半) 의식적인 방식으로 환경에 반응할 수 있었기 때문이다. 이것이 모든 학 습의 시작이었다. 학습은 환경과 그 조건에 반응하고 때로는 그 결과를 환경에 반영하기도 하는 능력 내지 감수성이다.

진화가 밟을 영광의 길은, 유기체가 자기들의 번영을 증진하기 위 해 의식적이고 신중한 방식으로 능력 내지 감수성을 이용하기 시작할 때 열린다.

물질이 감지하기 시작하고 나서 새로운 감수성의 기관으로 눈을 진화시켰을 때, 이때가 대단히 중요한 순 간이었다. 현실은 이제 볼 수 있게 되었 고, 따라서 볼 수 있는 눈의 힘에 의해 해 명할 수 있는 것이 되었다. 눈은 현실에다 영상이라는 측면을 가져왔다.

새로운 형태의
감수성이 출현할 때마다
세상을 향해
새로운 창문이
열린다.

169

세상에 대한 해명 ••• 눈이 지닌 볼 수 있는 능력은 일종의 감수성으로 그것을 통해 우리는 주변 현실을 해명한다. 시각은 많은 감수성들 중 하나이다. 모든 감수성들은 진화가 명확한 형태로 그 자체를 전개해 가는 과정에서 생긴 산물이다. 그렇다고 진화 과정의 수동적인 창고 역할만 하는 것은 아니다. 감수성을 통해 우리는 소위 현실이라는 것을 감지하고 거기에 언어를 부여한다.

새로운 감수성들로 우리는 새로운 방식에 의해 세상을 해명한다. 세상에서 새로운 측면들을 끌어내는 것이다. 감수성의 힘이란 곧 공동 창조의 힘이다. 이 점이 중요하다. 당신은 아주 다양하고 많은 방식으로 세상에 참여하는데, 그 까닭은 현실에 참여하는 수단이 되는 무수한 감수성들을 당신이 발전시켜왔기 때문이다.

상상력이 증대할수록
나는 매일 더 많은 것을
느끼게 된다네.
—존 키츠

현실의 어떤 측면도 우리에게 억지로 떠넘겨지는 것은 없다. 우리가 이용할 수 있게끔 그것을 처리할 수 있는 적절한 감수성이 우리에게 있을 경우에, 그리고 그럴 경우에 한해서 우리는 현실의 어떤 측면을 받아들이고 그런 다음 자기 것으로

흡수하는 법이다.

새로운 감수성들을 습득함으로써 우리는 새로운 창조의 능력을 얻는다. 감수성을 통해 우리는 진화를 이해하는 데에 이를 뿐만 아니라, 우리 자신을 이해하는 데에도 이른다. 인간의 탐색 여정은 이제까지보다 더 많은 감수성들을 습득하는 여행이라고 달리 말할 수 있다. 우리 안에 존재하는 감수성들의 목록과 능력에 비례하여 그만큼의 깊이와 다방면에 걸친 재능과 노련함을 갖추게 된다.

미래로 열린 가능성 ••• 진리, 선, 사랑, 아름다움은 우리의 감수성을 전달하는 수단이다. 소위 '영성', '종교적 감정', '성스러움', '신성'이라고 하는 것들은 모두 감수성이 강화된 상태를, 즉 세상에 반응하고 물질의 한계를 초월하는 개인의 능력이 강화되었음을 나타내는 표현들이다.

인간은 감수성이 강한 동물이다. 감수성을 습득하고 확장함으로써 자신을 형성한다고 규정하는 것은, 우리 미래의 개방성과 미지의 세계에 도달할 수 있는 모든 가능성에 대해 경의를 표하는 것이다.

인간의 올바른 개념은 과거에 인간이 달성한 모든 것들을 인정하는 개념이다. 다른 한편으로 미래에 있을 정교한 발전들, 이제까지 달성한 어떤 것보다 훨씬 뛰어난 의식의 힘을 얻을 수 있는 가능성에 우리를 여는 개념이기도 하다. 우리 미래가 새로운 과학 기술을 발명하는 것에 좌우되는 것이 아니라, 새로운 감수성들을 전개하여 그로 인해 우리의 인정, 이해심, 영혼이 더 깊고 풍부해지는 것에 달려 있음은 명백한 사실이다.

우리가 개발해야 할 새로운 감수성들 중에는 아직 꿈에도 생각지 못한 것들이 있을 것이고, 또 텔레파시처럼 미숙한 형태로나마 우리에게 알려진 것들도 있을 것이다. 감수성은 생명이 진화하면서 피우는 꽃과 같다. 우리는 적절한 꽃들로 정원을 만발하도록 가꾸어 대우주에 존재하는 모든 것들이 혜택과 즐거움을 누릴 수 있게 해야 한다.

당신의 인간성이 구현되는 것은
당신의 창조성, 자유에 비례한다.
감수성을 통해 당신은
자유, 창조성에 이를 것이고 궁극에는
그것이 천국으로 향하는 계단이 될 것이다.

감수성과 참여 ••• 참여는 창조의 노래이다. 참여하기 위해서 당신이 갖추어야 할 것은 온전하고, 뜻깊고, 현명하게 참여하는 것을 가능하게 하는 능력과 감수성이다.

현명하게 참여하기 위해서 당신에게는 지성이 있어야 한다. 심미적인 감수성이 있어야 문화의 향연과 그 뒤에 수반되는 많은 예술에 참여할 수 있다.

영성에 호소하는 감수성은 언어가 허락되지 않는 곳에 가 닿을 수 있다. 당신은 그러한 감수성을 개발해야 한다. 그러면 그것이 당신에게 와 닿을 것이다. 당신의 감수성이 미치는 범위가 크고 다양할수록, 당신의 존재는 커진다.

당신의 감수성

당신에게 가장 큰 자산이라고 생각되는 감수성들을 적어 보자.
그것들을 강화할 수 있는 방법, 그것들을 이용하여 삶을 더 다채롭고,
더 빛나고, 더 위대한 것으로 만드는 방법을 숙고하라.
그런 다음 두 번째 단계로 접어든다.
어떤 감수성들이 작용할 때 당신이 가장 창조적인 사람이 되는지 지켜보자.
창조력이 표현되는 것은 특정한 재능과 능력을 통해서이다.
이런 능력의 근원은 당신의 감수성에 있다.
그 특정한 감수성들이 개발될수록, 당신 능력은 더 분명해지고 당신 재능은
더 명확한 표현 방법을 찾게 된다.
당신이 얼마나 창조력을 개발하기를 원하는가 내면의 소리를 들어 보라.
거기서부터 어떤 감수성들을 개발할 필요가 있겠는지 거슬러 올라가라.
그 감수성들을 개발하고 다듬기 위해서
무슨 형태의 역량강화에 집중해야 도움이 될지 주목하자.

생명이 부여한 선물

당신은 하찮은 존재도 아니요, 그렇다고 신도 아니다.

당신은 형성되어 가는 과정에서 분투하고 있는 존재이다.

당신은 인간의 모습으로 태어났고, 거기에는 목적이 없는 것이 아니다.

새들은 지저귈 수 있다. 꽃들은 눈부시게 꽃을 피운다.

그러나 오직 당신만이 신을 껴안을 수 있다.

당신 내면의 신성이 연꽃 안에서 웃음 짓는 부처를 볼 수 있다.

당신은 과거를 다시 경험할 수 있고, 미래를 불러낼 수 있다.

당신은 스스로의 노력으로 특명을 받은 빛이 될 수 있다.

당신은 그럴 수 있다.

그보다 못한 것에 안주하지 말라.

당신이 창조된 목적을 다하지 못하는 존재가 되어서는 안 된다.

적어도 일주일에 한번은 이 문제에 대해 명상하라

당신은 살아 있다.

당신에게는 두 눈이 있어서 세상을 보고 예술, 자연,

그리고 당신 자신의 아름다움에 감탄할 수 있다.

마음과 영혼이 있어서 시를 감상하고 예술을 즐길 수 있다.

당신에게는 가슴이 있어서 사랑하고 사랑받을 수 있다.

육체와 상상력이 있어서 가고자 하는 곳 어디로든,

저 가장 높고 아름다운 산봉우리에도 이를 수 있다.

당신에게는 놀랍도록 능란한 두 손이 있어서 많은 일들을 해내고

많은 것들을 창조할 수 있다. 당신에게는 유머감각이 있다.

목소리가 있어서 노래할 수 있고, 영혼이 있어서 들을 수 있다.

당신에게는 천사처럼 날 수 있는 날개까지 있으니,

곧 마음이 날개인 것이다! 그러니 날아라.

스스로의 한계를 정하려 하지 말고,

부여된 창조의 능력을 맘껏 누려라.

생명이 부여한 선물들을 모두 받았으니, 그것들을 이용하고 맘껏 누려라.

자유와 인간성 ••• 자유는 내키는 대로 행동하는 것을 의미하지 않는다. 그 대신 진정한 자유란 인간 안에서 그리고 자기 자신 안에서 가능성의 영역을 넓히는 능력을 뜻한다. 적절한 감수성들을 개발함으로써 자유에 이를 수 있다.

자유는 당신이 진정한 자아를 최대한 개발하는 과정에서, 자아에게 경의를 표하기 위해 주어진다. 자유는 당신이 놀라우리만큼 모든 살아 있는 존재들과 연결되어 있음을 발견함으로써 대우주에 기원을 두는 당신의 존재에 제자리를 찾아주는 것을 뜻한다.

감수성이 없다면 당신은 보잘것없는 존재에 불과하고, 세상과 그 안에 자리한 자신의 위치를 제대로 평가할 수 없다. 감수성들은 당신 생명에서 울려나오는 교향곡 전곡을 연주하는 악기들이라 할 수 있다.

인간성을 충분히 구현하고 생명력을 충분히 누리기 위해서, 감수성을 개발하여 그것이 완전히 잠재력을 실현할 수 있게끔 해야 한다.

당신은 우주 먼지에서 생겨났으나
지금은 운명의 나침반인 저 별들을
자각하는 존재임을 인식하고
그로 해서 영혼이 짊어질 운명에게
제자리를 찾아 주는 것,
이것이 자유이다.

귀환 - 모든 삶이 요가라네 ••• 우리 존재의 형태는 우리가 삶의 구조를 형성하는 데에 포함시키는 감수성의 형태에 달렸다. 우리 존재가 진보를 이루는 것은 우리 안에 숨어 있는 감수성을 실현하는 문제이다. 진화가 얼마나 많이 새로운 감수성을 우리를 위해 아직도 남겨 놓고 있는지 우리는 알지 못한다. 그러나 그 수가 많다고 생각하는 것은 흥미롭다.

다양한 요가를 수행할 때 당신은 다양한 감수성에 참여해서, 그 감수성을 통해 당신의 존재를 표현하는 것이다. 당신이 깨달음이라는 정상을 향해 산기슭을 오르기 시작할 때, 당신 안에 항상 존재해 왔으나 잠들어 있던 섬세한 감수성이 당신에 의해 다듬어진다. 연민, 조건 없는 사랑, 일상 너머 바라보기, 엄청난 평화를 불러오는 은총에 대한 자각이 그것이다.

이제 에코요가의 1차 여행을 마칠 때가 되었다. 그러나 당신 인생이 뭔가 가치 있는 것이 되어야 한다는 결심이 섰다면 여행은 이제 막 시작한 것이나 다름없다. 모든 삶은 요가이고, 당신 삶도 예외는 아니다. 삶 자체가 훌륭한 요가가 되게 하라. 방법은 이 책에서 소개한 명상과 수행이 될 것이다.

기억하라, 생명의 아름다움은 아름다운 삶을 실천하는 데에 있음을. 그러니 전진하고, 실천하라.

가 자

가자, 그리고 구름 위를 사뿐히 걸어 보자
별들과 친구인 자에게
땅거미는 지지 않는 법.

가자, 그리고 나뭇가지의 상처를 쓰다듬어 보자
인간의 가슴에 멍든 상처도
필요한 의술은 사랑 뿐.

가자, 강물과 함께 흐느껴 보자
갓난아기와 함께 울어 보자

각자에게 필요한 것은 따뜻한 눈물
세상을 명확히 볼 줄 아는 눈에서 나오는 눈물.

가자, 할 수 있다면 노래하고
필요하다면 애도하자
우주는 옳은 것
단, 바른 궤도에 서 있을 때.

옮긴이 구미라

대학에서 영문학을 공부했다.

다양한 종교에 관심을 갖고 현재 전남 순천에서 명상과 글쓰기를 하고 있다.

에코 요가

헨릭 스콜리모우스키 지음 | 구미라 옮김

초판 1쇄 찍음 2004년 2월 1일
초판 1쇄 펴냄 2004년 2월 9일
펴낸이 김영조
펴낸곳 달팽이출판
등록 2002년 2월 28일 제 22-2112호
주소 137-070 서울시 서초구 서초동 1420-6 통일시대연구소빌딩 3층
전화 02-523-9755   팩스 02-523-9754
이메일 ecohills@dreamwiz.com

ISBN 89-90706-03-3 (03180)

마음 성장기를 보내고 있는
십 대를 위한 30가지 심리학 도구

아무것도 안 하고 누워만 있고 싶다면?
나만 빼고 다 잘난 것 같다면?
먹고, 또 먹고, 스트레스를 먹는 걸로 푼다면?

하루에도 수십 번 바뀌는
내 마음을 알려줄 공감 상담실이 열립니다!

• 학교 폭력이나 디지털 범죄, 학업 스트레스 등 다양한 문제를 겪고 있는 게 청소년들의 현실이다. 이 책은 청소년들이 부딪치는 다양한 상황을 총망라하다시피 하였다. 30여 가지의 상황을 5개의 범주로 정리한 내용을 읽어가며 저자들이 참으로 애썼다는 찬사를 금하기 어려웠다.
　　　　　장성숙 명예교수_가톨릭대학교 심리학과_《불행한 관계 걷어차기》 저자

• 요즘 심리학이 관심의 대상이 되어 좋기도 하지만 지나치게 어렵거나 너무 단순화시키는 경우도 있어 전문가로서 아쉬움을 느끼곤 했다. 《최소한의 심리학》은 청소년들이 실제 경험한 사례를 바탕으로 이론적인 설명도 곁들이고 있어 청소년은 물론 청소년에 대해 관심을 갖고 있는 모든 사람들에게 도움이 될 것이다.
　　　　　육성필 교수_서울상담심리대학원대학교 위기관리상담_《청소년 자살과 자해예방 전문가지침서》 역자

• 청소년 시기는 한 사람의 일생에서 대단한 드라마를 쓰는 과정이다. 이런 면에서 《최소한의 심리학》은 진로탐색, 정체성 구축 등 청소년기에 마주하는 다양한 문제에 대한 중요한 원리와 팁을 제공하고 있어 매우 인상 깊다. 우리는 청소년들의 욕구를 얼마나 알고 있으며, 변화하는 시대상에 맞게 이들을 이해하고 있는가? 청소년의 문제는 그들만의 문제가 아니라 우리 모두의 과제이기도 하다. 이 책이 청소년을 이해하고 공감하며 따뜻하게 감싸는 위로와 치유가 되길 진정으로 바란다.
　　　　　양준석 연구교수_한림대학교 생사학연구소_《코로나를 애도하다》 저자

43180

값 16,800원
979-11-6809-088-0

9 791168 090880